房山西部山区抗战

中共北京市房山区十渡镇委员会
北京市房山区十渡镇人民政府　编

河北大学出版社
·保定·

出 版 人：朱文富
责任编辑：张　磊
装帧设计：王占梅
责任校对：杜启昌
责任印制：常　凯

图书在版编目（CIP）数据

房山西部山区抗战 / 中共北京市房山区十渡镇委员会，北京市房山区十渡镇人民政府编. -- 保定：河北大学出版社，2023.6

ISBN 978-7-5666-2187-0

Ⅰ. ①房… Ⅱ. ①中… ②北… Ⅲ. ①抗日战争－史料－房山区 Ⅳ. ①K265.06

中国国家版本馆CIP数据核字(2023)第118172号

出版发行：河北大学出版社
地址：河北省保定市七一东路2666号　邮编：071000
电话：0312-5073003　0312-5073029
网址：www.hbdxcbs.com
邮箱：hbdxcbs818@163.com
经　销：全国新华书店
印　刷：保定市文昌印刷有限公司
幅面尺寸：170 mm × 240 mm
字　数：140 千字
印　张：13
版　次：2023 年 6 月第 1 版
印　次：2023 年 6 月第 1 次印刷
书　号：ISBN 978-7-5666-2187-0
定　价：68.00 元

序　言

卢沟桥事变后，中华民族全面抗战爆发，侵华日军相继占领了北平、天津、张家口，这些地区成为侵华日军在华北的统治中心。中国共产党领导八路军深入敌后，建立了晋察冀抗日根据地。1938 年春，根据党中央创建冀热察边区抗日根据地的指示，晋察冀军区先后派出八路军邓华支队、宋时轮支队、五支队等进入平西地区，广泛开展建立抗日根据地的工作。1939 年初，党组织又派萧克同志在平西成立了冀热察挺进军，进一步巩固并发展了平西抗日根据地。平西抗日根据地的建立和巩固，就像一把尖刀插入了日伪在华北的统治中心，成为坚持冀东、开辟平北的前沿阵地，成为坚持华北敌后抗战的中流砥柱。

房山西部山区是平西抗日根据地的前沿，从 1938 年初开始，邓华支队、北上抗日先遣队先后到十渡、蒲洼、霞云岭等地，积极宣传抗日，组织民众，建立抗日政权。从 1938 年初到 1939 年，三乡镇的各村都建立了党的组织，同时建立了抗日模范队、青年抗日先峰队、妇救会、儿童团等群众组织，并大力开展识字教育，相继创办了十渡抗日小学、十渡抗日高小。1940 年，中国人民抗日军政大学第四分校在十渡成立。十渡人民踊跃投身于伟大的抗日斗争中，交公粮、做军鞋、抬担架、运军粮、护伤员、站岗放哨，村村有八路，人人忙支前，十渡逐渐成为党、政、军机关的驻地和冀中十分区、五分区的后方基地。为此，三乡镇的人民也付出了巨大的牺牲。侵华日军多次对三乡镇地区进行“扫荡”，烧毁房屋，屠杀村民，掠夺牲畜财产，毁坏庄稼。可是侵华日军的残酷“扫荡”没有吓倒英雄的三乡镇人民，反而激起了他们更英勇的反抗。在中国共产党的领导下，三乡镇人民踊跃参军参战，出现了很多母送子、妻送郎、兄弟共同上战场的可歌可泣场面。他们组织复仇队，打伏击、拔据点、捉汉奸，涌现出了晋耀臣、李和等一批抗日英雄。面对敌人的封锁和自然灾害，他们大力开展生产自救，军爱民、民拥军，军民齐心协力共同度过了最艰苦的岁月。无论斗争多么残酷，无论生活多么艰苦，三乡镇人民始终坚定信念跟党走，即便冻死饿死也决不投降。

为了贯彻落实党的二十大提出的“发展社会主义先进文化，弘扬革命文化，传承中华优秀传统文化”的要求，同时为了进一步弘扬伟大抗战精神，中共北京市房山区十渡镇委员会、北京市房山区十渡镇人民政府责成第七乡镇（社区）成人学校组织抗战研究专家，广泛收集晋察冀、平西地区，特别是十渡、蒲洼、霞云岭等地的抗日斗争历史资料，多方走访抗日斗争的经历者、知情者，认真分析研究抗日斗争史料，系统梳理抗日斗争发展线索，认真编写《房山西部山区抗战》一书。

《房山西部山区抗战》一书系统介绍了十渡镇、蒲洼乡、霞云岭乡的光荣抗战历史，为当地的党员干部、群众，特别是青少年学生了解抗战历史、传承革命传统提供了生动的历史文献资料，是响应中共党史、抗战历史进机关、进社区、进校园、进企业号召的一次实践行动。这本书的出版，有利于弘扬抗战精神、开展爱国主义教育，有利于弘扬革命文化、传承红色基因，有利于增强“四个意识”、坚定“四个自信”，可以激励十渡镇、蒲洼乡、霞云岭乡的广大干部群众，特别是青少年热爱家乡、建设家乡，为实现我国的第二个百年奋斗目标贡献自己的力量。

目　　录

第一章　自然地理 …………………………………………（1）
　第一节　地理环境 ………………………………………（1）
　第二节　人文社会 ………………………………………（5）
第二章　日本侵略者的野蛮行径 ………………………（8）
　第一节　侵占房山、良乡 ………………………………（8）
　第二节　实行殖民统治 …………………………………（13）
　第三节　封锁、“扫荡”抗日根据地 ……………………（21）
　第四节　制造多起惨案 …………………………………（27）
　第五节　日军罪恶昭著 …………………………………（31）
第三章　人民抗日武装抗击日伪军 ……………………（33）
　第一节　主力部队 ………………………………………（33）
　第二节　地方抗日武装与民团 …………………………（39）
　第三节　粉碎日军的“扫荡” …………………………（46）
　第四节　全民参加抗战 …………………………………（56）

第五节　重要战斗 …………………………………………………… (66)
第四章　建立并巩固抗日根据地 …………………………………… (73)
第一节　建立各级党组织 ………………………………………… (73)
第二节　抗日民主政权建设 ……………………………………… (90)
第三节　抗日根据地进入极端困难时期 ………………………… (98)
第四节　建设抗日根据地 ………………………………………… (103)
第五节　发展抗日根据地的教育事业 …………………………… (115)
第六节　《没有共产党就没有中国》在堂上村唱响 ……………… (122)
第七节　建立并保卫后方基地 …………………………………… (128)
第五章　夺取抗战全面胜利 ………………………………………… (136)
第一节　抗日根据地对日军的局部反攻 ………………………… (136)
第二节　全面反攻 ………………………………………………… (139)
第三节　抗日战争全面胜利 ……………………………………… (144)
第四节　抗战胜利的伟大意义 …………………………………… (146)
第六章　抗战群英谱 ………………………………………………… (150)
第一节　英雄团体 ………………………………………………… (150)
第二节　英雄个人 ………………………………………………… (159)
第七章　弘扬伟大抗战精神 ………………………………………… (170)
第一节　抗战纪念碑刻 …………………………………………… (170)
第二节　抗战烈士陵园 …………………………………………… (178)
主要参考资料 ………………………………………………………… (182)
附录 …………………………………………………………………… (187)
后记 …………………………………………………………………… (195)

第一章　自然地理

十渡、蒲洼、霞云岭均为山区乡镇，区域涵盖了百花山山脉和大房山山脉的大部分区域，这里有典型的山地气候、山地自然地理环境和山地生产生活条件。在战争年代，深山密林是一道天然的安全屏障。

第一节　地理环境

在自然经济时期，自然地理环境的优劣直接决定和影响着农业生产的水平和发展，以及人们的生活水平和质量。

一、河流山脉

拒马河曾是涞水县与房山县（今北京市房山区）的界河，源于河北省涞源县的白云山，流经河北省的涞源县、易县、涞水县。拒马河的源头水量较小，顺势流淌于太行山山脉的峡谷中，沿途的沟谷有泉水流入，逐渐汇集成一条大河。拒马河自西向东流经平峪、前石门、后石门、西河、西庄、十渡、九渡、八渡、七渡、六渡、西关上，在涞水县狼安河进入十渡镇平峪村，最终进入张坊镇。

拒马河右岸为恒山山脉东南端，左岸为恒山余脉的百花山山脉。十渡镇、蒲洼乡、霞云岭乡地处百花山山脉，区划范围主要在百花山山脉区域。

恒山横亘于草原文明与中原文明之间，山势险峻，地理位置极其重要，历来是贸易走廊、兵家必争之地，遍存历代商贾文明、军事文化。恒山是天下道教主流全真派的圣地，自明代起被列为北岳。清初，朝廷在北岳的祭祀圣地逐渐由河北曲阳县移至浑源恒山，恒山文化自此融入五岳文化之中。

百花山山脉位于恒山东端，屹立在北京市西南，巍峨盘桓在北京市房山区、门头沟区与河北省涞水县交界处。山脉为北东、南西走向，东起门头沟区永定河，西至房山区界出北京市境，南起房山区大石河，北至门头沟区清水河，全长约 30 公里，宽约 20 公里，面积约 600 平方公里。百花山山脉地处恒山山脉与太行山山脉的交汇处，是草原文明与中原文明的重要交汇点。百花山山脉绵亘起伏，山峰林立，峰岭相依，沟峪纵横，有白草畔、百花山、大黑林、铁橛山、老龙窝等 30 多座海拔在 1500 米以上的山峰，是北京西山的核心区域。其中，白草畔海拔为 2161 米，雄踞百花山山脉之巅，为北京市的第三高峰，被称为“京西南第一峰”。

二、地理环境

十渡、蒲洼、霞云岭三地属温带半湿润、半干旱大陆性季风气候，气候特征为四季分明、冬季漫长、春秋季短暂、夏季炎热多雨，这里的气候类型多样，多灾害性天气。由于地质条件的不同，制约了光、水、热、风的再分配，造成气候特征的明显差异，从而形成了不同的生态环境和农业气象条件。

十渡、蒲洼、霞云岭三地的土壤类型有山地草甸土、山地棕壤和褐土。土壤土层较薄，石质性较强，坡度较大，裸岩分布面积大。在山间沟谷中仍发育有少量的第四纪松散沉积物，主要为黄土、黏沙土和砂砾石，其成因主要是洪冲积。三乡镇各村可耕种的土地贫瘠有限，可以种植的作物只有玉米、谷子等，粮食产量较低，年亩产仅百余斤。

十渡、蒲洼、霞云岭三地植物繁茂，种类繁多。众多植物中，华北特有的种类有雾灵乌头、独根草、槭叶铁线莲等。这些地区有中草药 200 余种，常见的可以食用的野生植物有 20 多种。

十渡、蒲洼、霞云岭三地的矿产资源有十几种，均以非金属矿为主，特别是煤炭、石灰岩和板岩的储量较大。其中，煤炭资源在北京市占有重要地位。这里的金属矿产主要有银矿、赤铁矿、磁铁矿、方铅矿、铅矿、锌矿、铜矿、铝土矿等，多为贫矿。

十渡、蒲洼、霞云岭三地的旱情有春旱、初夏旱、秋旱，常常是春旱连着夏旱，甚至连年干旱。干旱造成作物减产、果树早衰落果、山泉枯竭、水井水位下降、人畜饮水困难。

十渡、蒲洼、霞云岭三地位于百花山的崇山峻岭之中，交通闭塞。十渡沟（南沟）也叫河路沟，有拒马河阻塞，北沟也叫河套沟，有大石河阻塞，各村之间以牲口道相连。

三、军事地理条件

百花山山脉地处房山县、宛平县（今北京市门头沟区）、涞水县三县交界处，一峰揽三县，不仅是三县的界山，还是北京西山的山脉主体。百花山位于北京与蔚县之间，古代时是北京西去大同、西南去五台山、西北去张家口的重要通道。

唐代卢龙军节度使刘仁恭在大安山建立了大安馆，后以大安馆为中心，在百花山地区大规模修建道路，并使各条道路互相连通。在大安馆以南修建的道路有 4 条：其一，从大安馆南下，经爆门隘口、教军场到红煤厂，再从红煤厂沿大石河河谷，经佛子庄、班各庄、河北、磁家务、漫水河到坨里，可到达平原各地，由河北向北过松树岭可到达今门头沟区；其二，从红煤厂沿山谷南行，经南窖，过南大岭至黄山店，出谷口可到达平原各地；其三，从大安馆过西岭，经史家营，沿山谷东南行至贾峪口，沿山谷西南行至上石堡、下石堡、霞云岭，翻过佛子岭至关上，再沿山谷南行可到达张坊镇；其四，从史家营西南过秋林铺、堂上，翻山岭可到达蒲洼宝水，再沿山谷南下，经蒲洼可到十渡，由十渡沿拒马河东下可到达平原各地，由十渡沿拒马河西上，越大龙门过蔚县可通塞外。在大安馆以北修建的道路有 3 条，均可翻过北大梁到达今门头沟区：其一，从大安馆向东，过瞧煤涧至千军台；其二，从大安馆向北，过曲岖涧至煤窝村；其三，从大安馆向西北，过西窖、老龙窝至斋堂川。

明代的长城分为外长城和内长城，内长城又分为“内三关”和“外三关”，百花山是内长城的重要古道。明代时设辽镇、蓟镇、昌镇、真保镇管理长城，真保镇辖紫荆关、倒马关、龙泉关、故关等，紫荆关辖乌龙潭、奇峰口等主要隘口。乌龙潭即房山区的黑龙潭，下辖 7 个隘口，包括乌龙潭隘口、大峪口隘口、圣水峪口隘口、黄山店口隘口、王平口隘口、黑石崖口隘口、泉水涧口隘口，7 个隘口均围绕大房山修建。

抗日战争时期，晋察冀抗日根据地在五台山建立，平西地委、平西专署在百花山西麓山南建立。1940 年，日本侵略者在平西抗日根据地建立了封锁线，基本沿着长城“内三关”的路线一直修到了张坊镇、涞水县、易县等地。十渡、蒲洼、霞云岭不仅成为平西抗日根据地的西北前沿，还成为晋察冀抗日根据地、平西抗日根据地连接北京、天津的重要地下交通枢纽。十渡、蒲洼成为连接房涞涿平原和挺进军挺进冀东的前沿，十渡更是成为冀中五分区、冀中十分区的后方基地。

第二节　人文社会

抗日根据地建立之前，十渡、蒲洼、霞云岭等地是以生产资料私有制为基础的封建社会，生产力水平低，文化落后。全民族抗战爆发时，霞云岭地区的部分老百姓甚至还穿着明朝时期的服装。

一、经济落后

全民族抗战爆发前，十渡、蒲洼、霞云岭等地的经济主要是自给自足的自然经济，商品经济极不发达，尚处在简单的以物易物的经济形态，大部分人家要以山区的土特产换取生产、生活必需品。十渡、蒲洼、霞云岭等地的土地以高岗土为主，土壤贫瘠，地形主要以山坡地为主，村民只能靠天吃饭，有雨水才能长庄稼，没有雨水便是颗粒难收，辛辛苦苦一年，亩产不过百余斤，因此吃粮一直是这些地区的大难题。

十渡、蒲洼、霞云岭等地的果品生产主要有花椒、柿子、核桃，大多是家庭式生产，产量很小。由于很难在当地卖出，只能靠牲口驮运到山外进行售卖。由于这些地区不产棉花，且生产条件落后，所以生产生活用具及布匹、食盐、酱、醋、茶、糖等日用品都需要从外地购买。

十渡、蒲洼、霞云岭等地没有工业生产，仅有几家铁匠铺和一些手艺人。拒马河边的西关上、六渡、七渡、八渡、九渡、平峪、马安等几个村子有水磨，可以加工粮食和柏木香料，东太平、西太平、六合、富合、石板台等村可以起石板。

二、存在剥削压迫且自然灾害频发

十渡、蒲洼、霞云岭等地的生产资料主要掌握在少数地主富农的手里，大多数家庭要租种他们的土地，上交地租后，剩余的部分才归自己所有，有的百姓有时还要给富裕人家打短工、扛长活。地主阶级的剥削形式主要是封建剥削，其中地租剥削有 19 种、高利贷剥削有 20 种，商业形式的剥削也比较普遍和严重。十渡地区的商业大部分由当地地主兼营，地主先以低廉的价格收购村民的山货，再运到山外以高价出卖，然后从山外购进生活、生产必需品，回来后再以高价卖给村民。

历史上，十渡、蒲洼、霞云岭三地自然灾害频发，旱灾、洪涝灾经常出现。由于当地没有医院，因此经常瘟疫肆虐，人民群众的生命安全毫无保障，绝大多数村民的生活处于极端贫困的状态，很多人只得沿街乞讨、背井离乡、逃荒要饭，甚至卖儿卖女、妻离子散、家破人亡。

三、交通闭塞，封闭落后

十渡、蒲洼、霞云岭三地交通闭塞，当地几乎没有马路，大多是骡子、毛驴走的牲口道，不论是往山外运送山货，还是从山外购买日用品运回，都要绕行山路，交通十分不便。

由于长期处于封建统治之下，传统的封建文化的影响和毒害造成十渡、蒲洼、霞云岭三地的广大劳动人民知识贫乏，封建迷信观念严重，宗教团体在民间很有势力。

十渡、蒲洼、霞云岭三地的妇女生活在社会最底层，由于长期受封建文化影响，大多处于愚昧状态，极信因果轮回及听天由命之说，无论境遇如何悲惨，悉委之于命，安然忍受，丝毫没有反抗情绪。买卖婚姻、包办婚姻在这些地区非常盛行。

第二章　日本侵略者的野蛮行径

1931年，日本侵略者制造九一八事变。1937年7月7日，卢沟桥事变爆发，这是中华民族全面抗战的开始。平津失陷后，房山、良乡与平西各县先后沦陷。侵华日军侵略到哪里，就在哪里实行野蛮的烧杀抢掠，对手无寸铁的中国老百姓施行了一次又一次暴行，制造了一起又一起血案。

第一节　侵占房山、良乡

1936年，日本侵略者已经控制了北平的东、北、西三面的外围地区，只有北平的西南面由国民革命军第二十九军的第三十七师驻防。因此，位于北平西南15公里处的平汉铁路出京咽喉——卢沟桥，便成了北平的中国军民通往南方及其他地区的唯一门户，战略地位极其重要，成为中日双方的必争之地。

一、日军侵华蓄谋已久

1868 年，日本进行了明治维新，推行以效忠天皇为核心的军国主义教育，明治天皇开始奉行“脱亚入欧”和对外扩张的“大陆政策”。所谓“大陆政策”，即“不甘处岛国之境”，立足于用战争手段侵略和吞并中国、朝鲜等周边大陆国家的对外扩张政策。到 19 世纪 80 年代末期，以侵略中国和朝鲜为主要目标的“大陆政策”基本形成，此后历届日本政府始终坚持以侵略为核心的“大陆政策”。

1931 年 9 月 18 日，日本关东军向驻沈阳的中国军队发起突然进攻，制造了九一八事变，蒋介石政府采取不抵抗政策，侵华日军迅速占领了中国的东北三省。1932 年，日本侵略者成立了伪满洲国。1933 年 1 月，日军蓄意制造了手榴弹爆炸事件，借机攻陷了东北通往关内的咽喉要地——山海关。至 5 月，日军接连侵占冀东 22 县，直接威逼平津。1935 年 6 月，日军制造了张北事件。7 月 6 日，日军强迫国民党政府签订了《何梅协定》。1936 年 9 月，日军侵占丰台。自此，北平的东、北、西三面均已处于日军的包围和控制之下。

二、日军制造卢沟桥事变

1937 年 7 月 6 日，卢沟桥地区大雨倾盆，日军驻丰台部队又以卢沟桥为目标进行进攻演习，还到宛平城东门外，要求通过宛平城到长辛店一带进行演习，被中国驻军严词拒绝。双方相持十几个小时，直至天色渐晚，日军才退去。

1937 年 7 月 7 日上午，日军又到卢沟桥以北地区进行演习。下午，日军驻丰台的河边旅团第一联队第三大队第八中队，在中队长清水节郎的带领下进至卢沟桥西北的龙王庙附近，声称要进行夜间演习。7 月 7 日 19 时 30 分，暮色降临，日军的夜间演习开始，近 600 人的部队迅速行动。22 时 40 分，在宛平城东北方向突然响起了枪声。少顷，几名日本兵来到宛平城下，声称走失了一名士兵，要求进城搜查，被守城官兵拒绝，日军随即开枪示威。事实上，日军士兵志村菊次郎并未走失，而是因解手离队，20 分钟后即归队。24 时许，日本大使馆的武官松井给北平冀察当局打电话，表示日军要进入宛平城搜寻走失的士兵，并声称如不允许，日军将使用武力进入宛平城，松井的无理要求最终被中方拒绝。

当北平军政当局得知日军已包围宛平城后，为防止事态扩大，当即与日方商定，双方立即派人员进行协商。7 月 8 日 4 时许，双方代表在宛平县署进行会面，日方仍坚持要进城搜寻走失的士兵，中方则坚决不允。此时，宛平城东门外枪声大作，顷刻间，西门外枪炮声又起。日军第一联队第三大队，在大队长一木清直的指挥下，向龙王庙铁路桥扑来，要求在中国守军阵地搜寻走失的士兵，可在铁路桥头遭到了沈忠明（中共地下党员）排长的严词拒绝，日军突然开枪射击，沈忠明中弹倒地。沈忠明的牺牲激怒了守桥的官兵，在李毅岑排长的指挥下，守桥官兵不畏强敌、英勇战斗，同日军展开了激烈的肉搏。终因力量悬殊，几乎全部战死在了桥头阵地上。在东门外进攻的日军用大炮猛轰宛平城墙及城内建筑，造成了城内居民的严重伤亡。

面对日军的疯狂挑衅，第二十九军司令部命令宛平守军："保卫领土是军人天职，对外战争是军人的荣誉，务即晓谕全团官兵，牺牲奋斗，坚守阵地，即以宛平城与卢沟桥为吾军坟墓，一尺一寸国土，不可轻易让人。”同日，蒋介石也致电宋哲元：宛平城应固守勿退，并须全体动员，以备事态扩大。第二十九军守城将士沉着应战，奋起抵抗，击退了日军的一次次进攻。7 月 8 日下午，第二十九军从长辛店以北至八宝山以南同时向日军展开反攻，将失守的铁路桥及龙王庙等地夺回。

日军对中国人民的抵抗能力估计不足，对中国守军的坚决回击始料不及。见势不妙，日方遂采取缓兵之计，称走失的士兵已经找到，并向中方表达了希望和平解决冲突的意愿。

三、良乡、房山陷落

1937 年 7 月 11 日 18 时 24 分，日本政府发表了《关于向华北派兵的政府声明》，诬陷是第二十九军挑起的卢沟桥事变，妄图在世界人民面前掩盖其发动侵华战争的罪恶和野心。

7 月 11 日，中日双方协议撤兵，但日方并未执行。7 月 19 日，大批日军正通过陆、海两路向平津集结，日军飞机轮番在北平和平汉路沿线上空侦察。日军的大批援军到达后，于 7 月下旬向北平、天津发动了大规模进攻。7 月 27 日 3 时，日军向驻扎在通县（今北京市通州区）和团河的中国军队发动进攻。双方激战至 11 时，因力量相差悬殊，中国军队突围撤出。7 月 28 日拂晓，日军第二十师和驻屯步兵旅突然从东、南、北三面向南苑发起进攻，中国守军被迫仓促应战。7 月 28 日夜，宋哲元等人奉蒋介石的命令从北平撤退到保定。7 月 29 日，日军占领了北平和天津。

1937 年 7 月 8 日，中共中央发表了《中国共产党为日军进攻卢沟桥通电》，《通电》指出：“日本帝国主义武力侵占平津与华北的危险，已经放在每一个中国人的面前。”“平津危急！华北危急！中华民族危急！只有全民族实行抗战，才是我们的出路！我们要求立刻给进攻的日军以坚决的反攻，并立刻准备应付新的大事变。全国上下应立刻放弃任何与日寇和平苟安的希望与估计。”

北平陷落后，宛平县城首先沦陷，日军随后向华北腹地大举进攻。1937 年 7 月开始，日军大举进犯平西地区，良乡、房山、涿县（今涿州市）、涞水等地先后沦陷。

1937 年 7 月 26 日，日军侵占良乡附近的梅花庄、东关及苏庄一带。8 月 1 日，良乡城失陷。

1937 年 9 月 16 日，日军投掷大量炸弹轰炸房山县城，房山城内弹片横飞、火光四起、烟尘弥漫，城内百姓伤亡惨重。当天夜里，日军的桥本石关部队侵占房山县城。9 月 17 日，日军侵占了周口店。

至此，房山、良乡两县完全被日军侵占。

四、日军的野蛮暴行

日军侵占房山、良乡两个县城及周口店、琉璃河等几个重镇后，一面派主力部队继续追击溃败的国民党军队，一面分兵数路，在房山、良乡县城及附近的村庄进行野蛮的烧杀抢掳。9 月 16 日，日军兵分 3 路进袭村庄，一路由指挥官乔本带领，进袭山口、良各庄、西庄一带，另一路进袭窦店、望楚、于庄、苏庄、田园、下坡店等村，还有一路进袭坨头、梨元店、支楼等村。9 月 17 日，日军又兵分 3 路进袭了平原村庄，一路进袭交道、北柳子、丁各庄等村，另一路进袭大韩继、南韩继、云峰寺等村，还有一路侵袭西长沟、东良各庄、双磨、坟庄等村。据不完全统计，至 1937 年底，日军杀害房山、良乡两县的无辜百姓 800 余人，烧毁房屋 700 余间。

1937 年 9 月 16 日，日军制造了坨头村惨案，杀害无辜百姓 40 多人；同一天，日军制造了双柳树惨案，杀害无辜百姓 40 多人；9 月 16 日、17 日，日军制造了石楼村惨案，杀害无辜百姓 50 人；几乎同一时间，日军制造了支楼村惨案，杀害无辜百姓 14 人；9 月 19 日，日军制造了二站村惨案，杀害无辜百姓 80 余人；10 月 17 日，日军制造了千河口村惨案，杀害无辜百姓 12 人，烧毁房屋 100 多间；12 月 22 日，日军制造了长沟村惨案，杀害无辜百姓 37 人；12 月 23 日，日军制造了太和庄村惨案，杀害无辜百姓 76 人，烧毁房屋 200 多间。

第二节　实行殖民统治

日本侵略者为了实现在华北、平西的殖民统治，在残暴的军事侵略之后，开始加紧培植伪政权，疯狂实施政治、经济、文化侵略，平西地区陷于日本侵略者的殖民统治之下。

一、建立伪政权

1937 年 8 月底，日军在北平的华北方面军司令部增设特务部，并拟订出《树立华北政权的研究》，由特务部逐步“在华北建立政权”。日军侵占平西各县以后，开始以军事暴力镇压的手段强行建立殖民统治体系。

良乡县失陷后，日军建立了以何卓人、张春实为首的伪良乡县维持会。1937 年 10 月，委任连升民为伪良乡县知事公署知事。房山县失陷后，日军建立了以项镇安为会长的伪商民维持会。1937 年 10 月，委任项镇安为伪房山县知事公署知事。日本侵略者通过新民会、自卫团等伪组织对平西各县实行了严密的殖民统治，平西各县陷入灾难之中。

1944 年底，伪县知事公署改称伪县政府，伪县知事改称伪县长，日军向伪县政府派驻顾问。伪县政府下设秘书室、财政科、建设科、教育科及承审处、典狱署、税务局等，另设伪县新民会分会（实为日伪特务组织）和伪自卫团，15 至 40 岁的男丁都要编入伪自卫团，进行专门的军事训练。县下置乡（镇），设乡（镇）长 1 人，副职 1 至 2 人。各乡（镇）施行保甲制度，10 户为甲，10 甲为保，一村内两保以上建联保。甲设甲长，保设保长、副保长，联保设联保长、副联保长。伪乡公所内设有情报机构，每天都会有人前往盘踞在县城的日本宣抚班送交情报。同时还建立了伪乡自卫队、伪保自卫队，在各村的主要路口设置岗哨检查行人。

二、推行奴化教育

日本侵略者为了达到灭亡中国的目的和野心，在侵占平西后，开始在城乡推行一系列的奴化教育，贯彻所谓的“大东亚共荣圈”“王道乐土”的方针，并且通过四处张贴布告、标语、漫画，放高音喇叭，打鼓吹号等方式在集市、街道、村头大肆进行宣传，丑化、污蔑中国共产党。

为了更深层次地诱惑和愚弄民众，日本侵略者通过伪蒙疆联合自治政府制定了较为详细的奴化教育方案，主要内容是“努力发扬亲日防共、民族协和的精神及东洋道义的精华，以陶冶品德，实行劳动实践的方法，培养坚实人才”。方案中规定各类学校的重点是“搞好日语教育和职业教育”，强迫所有在校学生学习日语，并把日语成绩的好坏作为考核学生学业的主要标准。

为了进一步深化奴化教育，日本侵略者专门编制了一套教材，作为各学校的法定教材。教材中大肆宣扬“中日两国同文同种，共存共荣”“中日满提携”，以及封建主义的奴性道德，字里行间都灌输着亲日防共思想，意在让中国的青年学生做日军殖民统治下的“顺民”。

在学校，儿童入学后必须学习《日语》，有专职教师授课，初年级（一至二年级）每周不少于 6 节课；中年级（三至四年级）每周不少于 8 节课；高年级（五至六年级）每周不少于 10 节课。背不会日语单词或者不能按时完成作业就要罚站、挨教鞭、打板子；上课回答教师提问时不准讲中国话；平时站队集合时一律用日语喊口令、报数、回答问话。学校不开设中国地理、中国历史的相关课程；在学校里要用大小楷书写日本文字；学校每周都会举行所谓的“大昭奉戴日”，要求学生向东方“遥拜”，以示效忠日本天皇；学校还规定城镇学生必须穿戴日本人设计的学生装和帽子，高年级学生要上军事体育课，进行战时训练，宣扬和培养武士道精神。

学校必备日本国旗，每日清晨举行升旗典礼；学生经过日军岗楼（哨）时，必须向日本兵敬礼；学生经过日本神社时，必须鞠躬致敬；

每逢日本天长节等一些重要节日时，学校必须悬挂日本国旗，并举行纪念仪式。日军要求城内的各家各户、工厂、商行、机关、团体都要备有日本国旗，一些银行和商行还要长期悬挂日本国旗。后来，日军还利用多种宗教团体配合其奴化教育。

三、推行“治安强化运动”

日本侵略者为了巩固其在占领区的统治地位，开始推行“以战养战”策略，大量开发占领区的经济资源。与此同时，自 1941 年开始，由日军在幕后操纵，由以汪精卫为代表的国民党投降派组建的华北政务委员会委员长王揖唐出面，日军实行了 5 次“治安强化运动”。

所谓“治安强化运动”，是日军把华北占领区划分为治安区（即敌占区）、准治安区（即游击区）和非治安区（即巩固区），对不同地区采取不同的“治安”措施。

在治安区，日军实行“清乡政策”。利用日伪军在这些地区军事上的相对优势，强行清查户口，颁发良民证，建立保甲制度，实行村民连坐法，强制推行大编乡，建立一套村、乡、县、道的伪政权，以强化其政治统治。建立伪新民会、伪兴亚会、伪商会、伪合作社、伪佛教总会等组织，对青少年强制进行特务训练，对群众实行奴化教育。在军事上，有计划、有步骤地建立村、县伪自卫队、伪保安团、伪警备队，强化伪军建设。与此同时，开展所谓“自首运动”，收买叛徒，破坏共产党和八路军的地下组织，强迫群众在城市周围和铁路、公路沿线挖封锁沟、筑封锁墙、建据点碉堡。

在准治安区，日军实行“蚕食政策”。首先对要“蚕食”的地区采取秘密的大量的政治、军事、思想的渗透，派大批特务、间谍前去散布谣言、挑拨离间、动摇民心，瓦解抗日政权和抗日组织，造成民心涣散。然后以优势兵力发动突然袭击，将八路军主力从准治安区赶走，强迫准治安区的老百姓实行大编乡或集家并村，强迫当地百姓挖封锁沟、筑封锁墙、建据点碉堡，以切断抗日根据地和游击区与八路军和群众的联系。日军通过这种办法逐步“蚕食”抗日根据地和游击区，逼迫八路军主力退缩到巩固区的狭小范围，并逐步将游击区变为敌占区。

在非治安区，日军采取“扫荡”“清剿”和“三光政策”。集中优势兵力对抗日根据地和游击区进行长期的、有计划的“扫荡”和反复“清剿”，企图歼灭八路军主力。同时在抗日根据地实行“三光政策”，企图彻底摧毁根据地军民的生存条件。

日本华北方面军企图通过这些血腥政策达到逐步巩固和扩大治安区，缩小以至消灭非治安区，最终把华北变为其“大东亚战争的兵站基地”的目的。

1941 年 3 月至 4 月，日军在占领区实行了第一次“治安强化运动”。一是扩大、加强和训练“自治”“自卫”组织，即有计划、有步骤地强化伪军和伪政权。对此，汉奸王揖唐曾做了 3 条明确的指示，即培养和加强区、乡、村的“自治”“自卫”力量，加强并扩大民众组织，“剿灭”扰乱治安分子。后来，房山、良乡两县相继建立起了伪自卫总队。伪房山县政府县长唐祖熙兼任房山伪自卫总队队长，伪军副联队长孔宪江任副总队长。良乡伪自卫总队队长由伪良乡县政府县长陈中和兼任，副总队长由汉奸高定甫担任。房山、良乡两县伪自卫总队的编制相同，总队下设 3 个大队，每个大队下设 3 个中队，每个中队下设 3 个小队，合计千余人。此外，日军在占领区内还利用汉奸组织起了防共自卫团。二是扩大、加强民众组织，即强化保甲制度，以巩固其对乡村的统治。日军将占领区内 15 至 40 岁的男子都编入了伪自卫团，强制进行军事训练。日军还强迫民众领良民证、填自首书。三是强制或引诱青少年参加新民会、兴亚会、爱护村等特务性组织，并借机进行奴化教育。四是日军在经济上采用垄断统治的办法，吞并工商业，实行各种管理制度，打麦场均派专人看守，每人只留一个月的口粮，其余全部转入规定的仓库，严防粮食流入抗日根据地。

1941 年 7 月至 9 月，日军实行了第二次“治安强化运动”。这次运动日军集中编制了华北的全部伪保安警防队，并在伪河北省政府成立了“治安强化运动河北省本部”，各县下设“灭共委员会”，各伪县政府设“治安强化运动奖惩委员会”。这次运动的重点是“实行剿共、巩固治安”。在此期间，日军集中 7 万多兵力对晋察冀抗日根据地的中心区——北岳和平西，实行了长达 2 个多月的“铁壁合围”和“大扫荡”。

1941 年 11 月至 12 月，日军实行了第三次“治安强化运动”。这次运动的重点是“彻底实行经济封锁”，妄图摧毁抗日根据地军民的抗战意识。为此，日军特务机关颁布了《流动物资取缔要纲》，严格控制重要物资的买卖、运输，甚至非经批准，连酒精、红药水等普通药品也不得在药店出售。日伪军还设置了经济封锁线，派人昼夜巡逻，在各城门、车站设岗检查，企图从经济上困死抗日根据地，给平西抗日根据地造成了极大困难。

1942 年 3 月至 6 月，日军实行了第四次“治安强化运动”。1941 年 12 月太平洋战争爆发后，日军为了将华北变为其“大东亚战争的兵站基地”，想尽快解决这一地区的“治安”问题，并掠夺更多的人力和物资，于是更加疯狂地对抗日根据地和游击区进行围攻和“扫荡”。

1942 年 10 月至 12 月，日军实行了第五次“治安强化运动”。这次运动继续贯彻了前 4 次的“剿共”反动政策和措施，同时还突出了所谓“肃正思想”“革新生活”的内容。

日军实行的 5 次“治安强化运动”给平西抗日根据地造成了极大的摧残和破坏。在平西抗日根据地，南部与晋察冀一分区的联系，北部与北岳区、平北、冀东抗日根据地的联系，东部山区与东南平原及与冀中第十军分区的联系均被切断，平西军民的粮食供给也被切断。日军以所设据点为依托，不断向平西抗日根据地的腹地进行“蚕食”。到 1942 年初，平西抗日根据地的范围东西不过百里、南北不过七八十里，面积大大缩小，财政经济出现了严重困难。

房山地区的老百姓在中国共产党各级党组织的领导下，与日军推行的“治安强化运动”进行了针锋相对的斗争，采取了反“清乡”、反新国民运动等强有力的对策，给日伪军以沉重打击，最终使敌人的“治安强化运动”在房良地区未能得逞。

四、大肆掠夺平西资产

日军占领平西后，在政治、军事等方面实行殖民统治的同时，对平西地区还实行了经济殖民统治。

平西地区有丰富的煤炭资源，日本侵略者觊觎多年。早在1917年，日本就曾派人对斋堂和大安山的煤田进行过勘测。卢沟桥事变爆发后，日军迫不及待地占领了南窖、北窖，控制了高线公司，在宛平建立了门头沟煤矿公司，在涿鹿县建立了天新、保新两个煤矿公司。日军相继侵占了川南煤矿、利丰煤矿、门头沟煤矿，还开办了大台煤矿、大安山煤矿等。1939年10月，日本斋堂煤矿公司、华北交通、日本矿业公司等3家企业针对煤炭输送订立了契约。日本企业在日军和矿警队的保护下，依靠铁路运输的便利，大量开采煤炭，为日本发动的侵华战争供应燃料。

日军占领平西后，日伪政府对金融实行独家垄断。1937年11月21日，伪蒙疆银行在张家口成立，各县设分行，推行使用面额为1元、5元、10元、100元的伪蒙疆钞票，以此兑换了大量的铜钱、银圆，并陆续运往日本。同时，日伪政府采取多种手段将私人钱庄全部没收。对于商号每天收入的款项，日伪政府勒令其存入伪蒙疆银行，低息存入，高利贷出，从中盘剥。

日军在房良抗日根据地修筑了大小30余个据点，其中大部分在山区和平原交界处，只有南窖、北窖及大安山等据点设在深山区，其目的就是掠夺山区的煤炭资源。抗日战争期间，日伪政府要求坨里至南窖一带和大安山等地的小煤窑所产之煤均不得私售，由其垄断经营，所有煤炭必须交至日军设置的收煤处。

日军推行“治安强化运动”期间，敌占区内人心慌慌，终日不得安宁，大片土地荒芜，广大群众无法生活，不少人被迫逃荒要饭。山区的水果、土特产等需要运到山外出售，从而维持生活，可日军处处设卡，不是拦路抢劫，就是以私通八路军的罪名将商贩抓捕入狱，有的甚至被当场打死。

在日伪统治时期，强加在人民群众头上的苛捐杂税多如牛毛。除了种地拿地亩税外，还有救国税、割头税、人头税、出生死亡税、牲畜饲养买卖税、大型农具税等；各种收费也是五花八门，有薪俸费、军需费、支应费、办公费、招待费等；各种巧立名目的捐税更是数不胜数，有户籍捐、水利捐、房屋捐、营业捐、修路捐等，起不出名字的就叫特别捐。

第三节 封锁、“扫荡”抗日根据地

日军为了巩固其在华北地区的殖民统治，日军华北方面军司令官多田骏提出了实行“囚笼政策”。所谓“囚笼政策”，就是以铁路为柱、公路为链、碉堡为锁，辅以封锁沟、封锁墙，从敌占区向抗日根据地构成网状的“囚笼”，以包围、消灭抗日根据地军民。

一、全面封锁平西抗日根据地

从卢沟桥事变开始，特别是从 1939 年夏开始，日军不断在平西及平西周边地区部署兵力，对平西抗日根据地进行了全面的军事封锁，妄图把平西抗日根据地困死。1942 年 3 月，驻防平西的日军达到 2470 人，伪军达到 4440 人，敌人妄图用兵力上的优势彻底摧毁平西抗日根据地。

日军制订了《对敌经济封锁要领》，日伪各县的伪警察联合行动，沿昌宛房及房涞涿抗日根据地边缘地带设置封锁卡和封锁线。北起杜家庄、东斋堂、西斋堂、吕家村，到大安山、长操、南窖、红煤厂、坨里，再到周口店、孤山口、下庄、张坊、塔照，再到石亭、满金峪、娄村、岐沟、展台，最后到易县，全都设置了封锁卡，这些据点联结起来就成了一条半圆形的封锁线。

二、实行交通封锁

日军封锁河流、铁路，修筑公路，妄图截断平西与平北、冀东的交通与联络。

封锁河流，日军派重兵把守部分重要桥梁，有些桥梁则是直接烧毁。

封锁铁路，日军不仅加大了对平汉铁路、平绥铁路的兵力部署，还配置了装甲巡逻车，定期在铁路上进行巡逻，以切断平西抗日根据地与外界的联系。日军还在铁路两旁挖掘上窄下宽的长沟，将水引入沟内以阻止抗日军民通行，妄图切断一般的商业来往。

修筑公路。1940 年 10 月，日军占领斋堂地区之后大打交通战，加紧修筑占领区内及其边缘的公路和铁路。在昌宛境内很快修通了门头沟至傅家台，经朱窝向西，由镇边城通至向阳口段的公路，以及以斋堂为中心，向东通军响、青白口，向西通清水、杜家庄、齐家庄，向东北通青龙涧，向东南经军响通煤窝、板桥等多条公路。与此同时，敌人还积极铺设门头沟至下马岭的铁轨。截至 1941 年 2 月，同塘路的门头沟至付家台段已通车，朱窝向西，由镇边城可通至向阳口，镇边城到沙城、怀来也已通车，并且由门头沟可到下马岭。门头沟至杜家庄、红煤厂至大安山通斋堂、红煤厂至磁家务、斋堂至青龙涧、军下至煤窝、煤窝至板桥、长操至贾家口、长沟至塔照、樊山堡至孔涧、石门子至大庙均已通车。敌人妄图通过修筑公路，一方面封锁平西山区，另一方面提高日伪军的机动作战能力。日伪军为了切断永定河南、北两岸的联系，同时掩护所修筑的同塘路，并进一步封锁平西与平北、冀东的交通，在下苇甸至向阳口沿河南岸的山头高地上修筑了简单的碉堡和岗楼。

三、修建封锁壕

1940 年秋季“扫荡”后，截至 1941 年 2 月，日军在平西抗日根据地新增加的据点达 40 多个。其中，昌宛联合县有 14 个（杜家庄、下清水、东斋堂、军下、青白口、付家台、煤窝、千君台、大安山、红煤厂、沿河城、大村、向阳口、下苇甸），房良联合县有 4 个（塔照、长操、北窑等），涞水有 8 个（花园、泽畔、展台、李皇甫、东祖、岐沟等），宣涿怀联合县有 3 个（大庙、李家堡等），准备在昌宛、涞涿建立的据点有七八个。敌人妄图通过建立据点分割、包围、封锁平西抗日根据地。

1941 年 6 月开始，日军在占领区内强征大量的人力、物力、财力，在平西抗日根据地西南的房山山区与平原的交界处，在京汉铁路以西与拒马河之间的地区（涿县、高碑店、涞水县），分段修筑封锁壕、封锁沟。在平西抗日根据地的东南方向形成了两道交错的封锁壕，妄图隔断冀中与平西在政治、经济、军事等方面的联系，从而困死平西抗日根据地。

房山周口店至张坊的封锁壕也叫“防共壕”，日军美其名曰“惠民壕”。房山一段的壕沟，北起周口店，蜿蜒南伸，经娄子水村西、黄元井村北，转而向西，经北正、蔡家口、北白岱、史各庄到张坊，再向南入涞水境内的石亭，全长35公里。封锁壕一般宽约5米，深约6米，沿途每隔2公里修建一座岗楼，除重要岗楼由日军驻守外，其余均为伪军驻守。

为修筑周口店至张坊的封锁壕，日军几乎强征了占领区内所有的民力，分段包干，限期完成，费用由各村均摊。占领区内凡年满15岁的男子都被强征去挖封锁壕，有的村子甚至12至70岁的男子都被抓走了，最多时房山县石楼村被抓走了150余人，吉羊村被抓走了300余人，韩村河被抓走了200余人。被抓去挖封锁壕的人少则两个月，多则七八个月不让回家，地里的庄稼熟了也没人去收，即便是冬天雪冻冰封也不许停工，民工稍有怠慢，轻则遭骂，重则遭到毒打。当时，挖封锁壕的民工为发泄胸中的愤怒，曾编创了多首歌谣，如“挖壕苦命人，土硬石又坚，刺刀加皮鞭，终日泪涟涟，有饭口难咽，劳累饥饿遭欺侮，十有八九命归天”等。这些歌谣充分反映了人民群众对日本侵略者的憎恨，以及盼望八路军早日到来的迫切心情。封锁壕历时两年多才全部完工。

日伪军修筑了从高碑店至松林店的封锁沟，还在平汉铁路两旁挖掘了深3米、宽5米的壕沟，沟内放水，沟的左岸筑起高墙，妄图切断平西抗日根据地与平汉铁路以东的联系。同时在拒马河南岸修筑了从涿县至涞水县的封锁壕，由涿县延伸至展台，至高碑店北，至岐沟（高碑店西北），至涞水，至沈台（涞水以北），再向南入涞水境内，从涞水的满金峪，沿拒马河，经龙泉、西营房、娄村，至孙家坟以西，之后进入易县境内，将涞水县山区与平原地区隔断。

四、实行经济封锁

在游击区，日军不仅强行征收地畜金、地粮款、门户费、大乡杂费等，还大肆抢夺老百姓的粮食，诱骗村长、富户等将粮食、牲畜带入据点，以防止被八路军征走，日军还大量征用村里的人力、物力修筑据点、挖掘壕沟、修建公路等。

日军对靠近抗日根据地的村庄也实行了严密的经济封锁，各种日用品如火柴、食盐、棉花、白布等，都要实行严格的按户和人头配给，严禁日用品进入抗日根据地。日伪军大肆宣传“八路军无粮自散”，绝对禁止粮食流入抗日根据地。

自1941年10月起，日军在占领区普遍实行了严格经济统治制度，强制进行物资配给制度、封仓验囤、计口授粮等，一方面加强对平西抗日根据地的封锁，另一方面加紧对占领区内人民财富的掠夺。如在蔚县的日伪占领区内，掠夺经济的组织就有谷物集结所、农事合作社、大麻收卖所、食盐事务所、煤油配给所等。

强迫各村种植鸦片，实行毒化。一是引诱中国百姓吸毒，使其丧失抵抗力；二是通过鸦片买卖，获取暴利。同时，日军在占领区内开设赌场、妓院，败坏民风民俗，腐蚀中国人的灵魂。

日军派重兵控制了出入平西地区的主要路线，如青白口、大安山、长操、张坊等，使平西抗日根据地的出口税、入口税大减。如昌宛联合县在1939年时每月的税收为2万元，而1941年时每月只能收

4000 元，使抗日民主政府在财政上蒙受了很大的损失。日军还不断破坏与扰乱平西集镇、搜挖民间藏银。

平西各伪县政府根据日军的《对敌经济封锁要领》，先后制订了本县的行动策略，如伪良乡县政府制订了《经济封锁要纲》。同时，良乡、宛平、房山等县的伪警察联合行动，沿昌宛房及房涞涿抗日根据地边缘地带设置封锁卡和封锁线，将物资分为军用物资、建材机械和民用品等三大类进行控制，严禁物资流入平西抗日根据地，从而进一步加剧了抗日根据地的物资供应困难，造成抗日根据地的物资极度缺乏。

旷日持久的战争使日本国内财力空虚，于是日军加紧了对占领区的搜刮。为了抢收小麦充作军需，日军在房山、良乡两县成立了“搜集委员会”。1944 年麦收期间，仅从房山县就搜刮小麦 850 吨。日伪政权还组成“收买小麦宣传班”，伪县长为总班长，依各乡情况分配数额，并将土地分甲、乙、丙、丁 4 级，不同等级的土地有相应的征收小麦数额。各乡还分别向农民摊派，伪县政府派人到各村“协助”收纳，并以 7 月 15 日为期，要求务必按时保量纳完。

五、疯狂“扫荡”抗日根据地

从 1938 年夏开始，日军多次组织重兵对平西地区进行军事“扫荡”，成规模的“扫荡”达 13 次。

日军对抗日根据地的“扫荡”实行“三光政策”，具体战术有“铁壁合围”“篦梳式扫荡”“捕捉奇袭”“隐蔽集结”“长途奔袭”等，这些军事“扫荡”短则几天，长则几个月。在军事“扫荡”的同时，日军还辅以政治上的诱降，进行反动宣传，拉拢共产党各级组织的工作人员和当地群众，同时还配合经济上对抗日根据地的严密封锁，给抗日根据地军民的生产、生活造成了极大的困难。

从 1940 年下半年起，日军改变了侵华策略，开始以“蚕食政策”为主，每次对平西抗日根据地进行“扫荡”时都会建立一些据点，以此分割和缩小平西抗日根据地。

1941 年 4 月，日伪军 20 多人对上石堡村进行了“扫荡”，烧毁房屋几十间，宰杀了村里的大部分牲畜。1941 年 8 月 13 日，日军兵分 13 路向晋察冀边区的北岳区和平西抗日根据地大举发动进攻，妄图摧毁八路军主力和党政机关。8 月 24 日，日军沿拒马河河谷进犯，经六渡、十渡，到达涞水县蓬头村，之后从蓬头村返回，沿途烧杀抢掠，无恶不作。后来，日军分别在西庄村和王老铺村建立据点，并在十渡村和六渡村留兵驻守，妄图长期在此盘踞。

第四节　制造多起惨案

日军侵占房山、良乡后，通过建立乡、村伪政权，大肆收买地方民团，让他们充当汉奸走狗，开始进行殖民统治。抗日根据地建立后，日军对其进行了疯狂的“扫荡”，并实行了残忍的“三光政策”。同时，日军不断派出大量特务、汉奸，收买叛徒刺探情报，暗杀抗日干部和群众，破坏抗日根据地的生产生活，策动叛匪暴乱，可以说是罪行累累。

一、制造王家台惨案

1937 年 8 月 8 日晚，在营长王茂全的带领下，八路军某部二团二营来到房良联合县一区的霞云岭一带。这里是深山区，山高谷深，路径狭窄曲折，交通极为不便，且百姓居住分散，生活贫困，文化落后，与外界往来极少，多数村庄被地主豪绅控制，残匪溃兵多流窜于此，多年来形成割据一方的局面。八路军战士急于赶路，已是精疲力竭，又赶上夜幕降临，二营的战士只好在此地安营夜宿。营部设在王家台村，王茂全带领两个连的战士住在营部，一个机枪连由教导员郑汉亭带领夜宿堂上村，另一个连由连长罗作飞带领夜宿霞云岭村。

当天夜里，霞云岭民团首领杨天沛、王家台村地主杨万芳等一伙匪徒认为与八路军对抗的时机已到，便勾结张坊、南尚乐一带的二路匪徒邢德章等千余人，分两路对八路军进行袭击。夜宿霞云岭的八路军发现匪徒偷袭，及时撤出，未受损失。8 月 9 日，杨万芳带领千余人将驻守在王家台村的八路军 150 余人包围，匪徒集中把守村西、村北两条要道，截断八路军退路。王家台村地势低洼，四周山崖陡峭，八路军所处的地势极为不利。8 月 10 日，王茂全组织了两次突围，可均未成功。第三次突围时，一班战士已冲到了村北主峰，但匪徒居高临下，组织火力疯狂截击，使得这次突围又未成功。八路军战士只得退守村内，以房屋、街道为掩体进行还击，接连击毙匪徒 10 余人。8 月 10 日夜，八路军战士分两路从村北向南直河方向突围，村内留少数战士牵制匪徒，但因山陡夜黑，道路不熟，在突围过程中又遭到了匪徒的埋伏袭击，八路军战士有的被活捉，有的被枪杀或活埋。8

月 11 日上午，匪徒冲进村庄，将未能撤出的八路军战士全部杀害。这就是震惊平西的王家台惨案。

王家台惨案发生后，霞云岭的地方土匪与河南据点的日伪军相勾结，狼狈为奸，盘踞在霞云岭一带为非作歹。

二、制造一区事变

1940 年日军发动秋季“扫荡”时，八路军的主力部队由内线作战变为外线作战，此时房良联合县一区的匪首杨天沛等人认为时机已到，便写信给南窖村的伪军头目程子良，计划在南窖伪军的武装配合下成立一区伪政权组织，同时秘密串联堂上、宝水等村的叛徒阴谋叛变。匪首罗宗奎率领 20 多人到南窖村与程子良商议，之后程子良带领 60 多伪军随罗宗奎一起直奔庄户台，准备偷袭庄户台村的区公所。从 11 月 13 日开始，相继发生了庄户台事变、堂上事变、黑牛水事变等一系列事变，这就是震惊平西抗日根据地的一区事变。在此次事变中，房良联合县区、村干部被捕 46 人，牺牲 20 人，其余有的被释放，有的逃往他乡，有的叛变投敌。

与此同时，临近霞云岭地区，隶属房良联合县二区的王老铺村也发生了叛乱。自 11 月 14 日起，以王老铺村村长穆存山和武装中队队长穆永山为首的叛乱者，勾结汉奸队长高平和及匪首罗宗奎，组织村里被蒙蔽的干部和群众 40 多人，在不足一个月的时间里，连续 9 次袭击了房良联合县二区区公所，抢劫了掩藏在房良联合县政府和二区区公所的抗日物资，先后抓捕、杀害了包括六渡村党支部书记蔡玉存在内的八路军战士和共产党员 16 人。由于此次的二区事变是受一区事变影响而发生的，所以统称为一区事变。

一区事变是平西抗日武装力量的一次重大损失，对平西抗日根据地造成了沉重打击，对平西抗战造成了严重影响。

三、制造西河南沟惨案

1941 年 8 月 13 日，日军对十渡地区进行“扫荡”。8 月 14 日，日军来到了十渡村和西庄村，之后便开始在村里宣传谁主动交出一名八路军或抗日干部，就可以得到几百块钱的奖励。

此时，在仅一河之隔的西河村，二区区长助理方舒随当地百姓一起进入了西河南沟隐蔽，同在南沟里隐蔽着的还有冀中十分区的 12 名重伤员和 1 名护士。夜幕降临，方舒回到了西河村，想要找村长了解敌情，可却怎么也找不到他。方舒此时因患有疟疾，便住在了村长家里。晚上，村长的老母亲突然急促地推醒了方舒，并催促他快点离开这里，往山上爬，越远越好，说完便疾步而去。方舒见状顿感不妙，赶忙离开了村长家，直奔南沟。回来后，方舒找到护士，告诉她今天很可能有紧要的敌情，要赶快把伤员们隐蔽到丛林里和山上去。可南沟里都是重伤员，没有村里来人帮助根本没有办法行动。临近中午，南沟附近枪声四起，日伪军很快冲进了南沟，之后残忍地杀害了 12 名伤员和 1 名护士。原来，西河村的村长本打算把方舒交给日军，是善良的老母亲救了他一命。

日军撤离后，二区区委书记刘德香带领锄奸队抓住了那个叛徒村长，并将他押送到了县公安局，叛徒村长最终被处死。

第五节　日军罪恶昭著

日本侵略者在抗日根据地实行了野蛮的“三光政策”，多个村庄被烧为灰烬，众多共产党员、抗日干部、抗日战士和拥护抗日的仁人志士惨遭杀害。日本侵略者滥杀无辜百姓，烧杀奸淫，无恶不作，对平西人民犯下了滔天罪行。

一、实行野蛮的“三光政策”

在对平西抗日根据地进行“扫荡”期间，日军实行了野蛮的“三光政策”。据不完全统计，1939 年至 1942 年 3 月，日军共烧毁村庄 207 个。1940 年 10 月，日军在十渡村烧毁房屋 700 多间，在前石门村烧毁房屋 100 多间，在平峪村烧毁房屋 590 多间。1941 年 8 月，日军“扫荡”十渡地区，在八渡村烧毁房屋 300 多间，在十渡村烧毁房屋 470 多间。

二、残杀抗日干部和人民群众

日本侵略者不仅用各种残忍的手段杀害了众多拥护抗日的仁人志士和无辜百姓，还使用多种酷刑迫害、逼问八路军和抗日干部。侵华日军在平西犯下的罪行罄竹难书，令人发指。

1937 年 10 月 17 日清晨，上百名日本兵从张坊镇出发，向河路沟进犯。10 多名伪军先到千河口村强迫村民搭好两道河桥，日军过桥后便将千河口村包围，名义上是搜查国民党残兵，实际上是进行烧杀抢掠。村民看到日军进村后，纷纷藏到了村后的山上，很多没来得及躲藏的村民被日军抓住，最终惨遭杀害。仅一天时间，全村就有 12 名无辜百姓被日军杀害。千河口村的房屋大部分是草房，日军进村后从村东烧起，一直烧到村西，全村 100 多间房屋一日之间化为灰烬。河路沟有 50 多个村庄遭到了日军的洗劫。

1941 年，日军“扫荡”马安村，杀害无辜村民 13 人。在平峪村，日军抓住了一个当地老乡逼问八路军藏物资的地方，不论日军如何对其实施殴打，老乡始终一言不发，最终被日军用刺刀戳死。

三、日军暴行调查统计

2006 年，北京市房山区史志办公室在全区 24 个乡、镇、办事处的 462 个行政村进行了抗战时期人口伤亡与财产损失调查。1937 年至 1945 年，日军制造的杀害无辜百姓 10 人以上的惨案有 25 起，如二站惨案、太和庄惨案等，共烧毁房屋 2 2011 间、庙宇 37 间，抢掠毛驴 104 头、猪 429 头、骡子 2 头、家禽 1649 只、牛羊 1883 头、骆驼 1 头、金佛 1 座、铜佛 21 座、板材 21 套，毁坏粮田 3247 亩、农机具 60 件套、树木 68 818 棵，给房山人民造成了巨大的伤害和财产损失。

在霞云岭地区，日军杀害无辜百姓 39 人，烧毁房屋 3695 间，抢掠羊 250 只、大牲畜 7 头、粮食 1.33 万公斤，毁坏青苗 100 亩。在蒲洼地区，日军杀害无辜百姓 395 人，烧毁房屋 698 间，抢掠家畜 36 只（头）、粮食 1.5 万斤。在十渡地区，日军杀害无辜百姓 67 人，烧毁房屋 3929 间，抢掠牛 24 头、羊 90 只、猪 10 头、毛驴 4 头、家禽 300 只，毁坏粮田 877 亩、农机具 60 件套。

第三章　人民抗日武装抗击日伪军

没有一支人民的军队，就没有人民的一切。全民族抗战爆发后，中国共产党领导的八路军等人民抗日武装相继开赴晋察冀，放手发动群众，领导敌后军民开展广泛的抗日游击战争，牵制并消灭了大量日伪军。

第一节　主力部队

晋察冀抗日根据地建立以后，中国共产党领导的邓华支队、晋察冀军区第五支队、冀西部队、冀热察挺进军、第十一军分区部队等先后战斗在平西百花山地区，粉碎了日军的多次“扫荡”，是抗日根据地重要的军事力量。

一、邓华支队开辟平西

1937 年 8 月 22 日，八路军一一五师由陕西的三原地区东进，开赴敌后抗日。平型关战斗以后，八路军一一五师副师长聂荣臻率领一个独立团、一个骑兵营、两个不完全连和一部分军政干部，共计2000余人，以五台山为中心，开辟晋察冀边区抗日根据地。

1937年11月7日，根据中共中央的决定，晋察冀军区在五台山地区成立，聂荣臻任司令员兼政治委员，下辖4个军分区。第一军分区兼第一支队，杨成武任司令员，邓华任政治委员，活动范围包括涞源、广灵、蔚县、易县、繁峙、灵邱、房涞涿等县，称为冀西区；第二军分区兼第二支队，赵尔陆任司令员兼政治委员，活动范围包括五台、代县、崞县、定襄、忻县、盂县等县，称为晋东区；第三军分区兼第三支队，陈漫远任司令员，王平任政治委员，活动范围包括阜平、唐县、完县（今顺平县）、曲阳、新乐、定县（今定州市）、望都等县，称为冀西中部地区；第四军分区兼第四支队，周建屏任司令员，刘道生任政治委员，活动范围包括晋东、晋察冀边区等地。同时，将八路军一一五师独立团扩编为独立第一师。

图3-1　邓华

1938年2月10日，晋察冀军区以第一支队第三大队为基础组建了邓华支队。之后邓华支队从涞源出发挺进平西，分别建立了房涞涿联合县政府、宣涿怀联合县政府、宛平县政府。5月，晋察冀军区第五支队在长操村建立了房良联合县政府。与此同时，宋时轮支队经雁北开赴平西，与邓华支队合编，组成第四纵队，宋时轮任司令员，邓华任政治委员。6月，第四纵队开赴冀东，配合冀东大暴动。10 月，第四纵队由冀东返回，当得知日伪盘踞在平西地区后，邓华当即决定留下一小部分部队在平北开展工作，自己则率领主力部队南下。10 月 26 日，邓华支队到达平西，驻扎在宛平县、房山县和怀来县一带，随即开始了恢复抗日根据地的工作，并很快组建了房良联合县政府，还建立了房良联合县大队，郭强任政委，县长杜伯华任大队长。11 月，邓华指挥三十一大队、三十二大队、三十三大队、三十四大队等部队攻打旧房山九区，不仅一举将当地的民团击溃，还活捉了杨天沛、杨万芳、罗宗奎等首恶分子。之后房良联合县政府成立了收枪委员会，将遗散在民间的私有枪支收缴起来，共收缴步枪 400 余支、机枪 10 余挺。房良联合县政府还积极组织宣传党的抗日民族统一战线政策，讲解抗日救国的道理，并深入基层做发展党员的工作，进一步巩固了房良联合县一区的抗日根据地。之后邓华率领三十二大队沿宝水、蒲洼向拒马河河谷推进，房良抗日根据地一度扩展到张坊、石窝、南尚乐、北尚乐一带。后来，马安、十渡、平峪、前石门、后石门等村先后建立了抗日救国会，十渡抗日根据地基本形成。

图 3-2　宋时轮

二、进驻十渡的八路军北上先遣支队

1937 年 10 月 25 日，冀西游击队总队在山西省晋中市昔阳县皋落镇召开成立誓师大会，宣布冀西游击总队正式成立，杨秀峰任队长。1938 年初，冀西游击总队成立北上先遣支队，孙然任司令员。之后孙然率领北上先遣支队进驻十渡地区，并在九渡村对部队进行了整训。与此同时，孙然派出两名随军工作人员到各村宣传抗日政策，并在各村建立了抗日救国会，还成立了儿童团，组织教唱抗日歌曲。

1938 年 4 月，晋察冀军区一分区第一团奉命挺进房涞涿地区，宣传中国共产党的《抗日救国十大纲领》，进一步发展抗日民族统一战线。后来，部队番号改为八路军北上抗日先遣支队，陈正湘任司令员，王道邦任政委。4 月 26 日，部队到达涞水县石亭村，之后陈正湘在涞水县的板城村召集各地方武装力量的负责人召开会议，会上决定发动平汉线破交打点战役，并推举陈正湘为此次军事行动的总指挥。

后来，八路军北上抗日先遣支队派出小分队到十渡地区开展抗日宣传工作，为开展拒马河地区的抗日游击战争和创建房良、涞涿抗日根据地奠定了基础。

三、进驻十渡的冀中八路军部队

1937 年 10 月 14 日，河北人民自卫军在河北省石家庄晋县（今晋州市）小樵镇成立，吕正操任司令员。12 月，部队整训后分成 4 个团。1938 年 2 月，朱占魁任河北人民自卫军独立一团团长。5 月 4 日，河北游击军和河北人民自卫军合编为八路军第三纵队。6 月，朱占魁任八路军第三纵队第一支队司令员。同月，八路军第三纵队第一支队北上先锋工作团成立，刘秉彦任司令员。9 月，刘秉彦率领北上先锋工作团进驻十渡地区，刘秉彦住在西庄村，政治部主任白振刚住在九渡村。

北上先锋工作团的成员大多是投身革命队伍的青年学生，他们为唤醒民众的抗战意识，到处书写抗日标语，教唱抗日救亡歌曲，并在各村成立抗日救国动员会，建立救亡室，还组织了妇女救国会和青年救国会。一时间，十渡地区的民众抗日情绪高涨。后来，北上先锋工作团在十渡地区办起了第一所抗日小学。开始时，学校仅有十几个学生，都是来自贫雇农家庭，工作团成员充当教师，使用的课本是八路军油印的麻纸课本。

1938 年 10 月，朱占魁任冀中军区第五军分区司令员。1938 年底，朱占魁率领部队到十渡地区整训，并在十渡地区和涞水县、易县的结合部建立了后方基地、兵工厂、后方医院等。

四、冀热察挺进军

1939 年 1 月，中共中央决定成立冀热察挺进军，萧克任司令员兼政治委员，同时撤销中共河北省委，成立冀热察区党委，马辉之任书记，并成立冀热察军政委员会，萧克任书记。冀热察区党委的中心任务是巩固平西抗日根据地，坚持冀东和开辟平北的游击战争，创建冀热察抗日根据地。

图 3-3　萧克

随后，萧克、马辉之奉命率领一批干部和直属机关部队向平西进发。经过一段时间的工作，冀热察区党委下辖平西、平北、冀东 3 个地委。自此，冀热察抗日根据地有了主力军，有了党的统一领导。1939 年 2 月 7 日，冀热察挺进军、冀热察军政委员会、冀热察区党委在涞水县九龙镇山南村成立。冀热察挺进军辖邓华领导的第四纵队第十一支队的三十一、三十二、三十三大队，宋时轮领导的第十二支队的三十四、三十六大队。

1939 年 11 月，冀热察挺进军在平西进行了较大规模的整编。按照八路军总部的指示，撤销了第四纵队第十一、第十二支队的番号，将第十一支队的三十一、三十二、三十三大队和房涞涿游击支队改编为冀热察挺进军第六、第七团，将第十二支队及平西游击支队的一部分改编为第九团，之前已合编的抗日先锋队和冀东抗日联军与平西游击队的一部分合编为第十团，从冀东过来的 800 多人编为第十二团，仍在冀东一带活动的包森支队改编为第十三团。至此，平西地区的八路军部队已有 1.2 万余人。

五、北岳军区第十一军分区部队和十六区队

1942 年 1 月，晋察冀军区开展精兵简政，缩编主力，加强地方武装和民兵建设。1942 年 2 月 4 日，撤销冀热察区党委及冀热察挺进军领导机构，成立北岳军区第十一军分区，辖七团、九团、十二区队，萧克改任晋察冀军区副司令员。

1943 年秋，冀热察挺进军九团撤离房涞涿抗日根据地，奉命开赴陕北，参加保卫延安的战斗。为了在这一地区保持一定数量的主力部队，支援地方抗战，由原九团参谋长刘光第负责，将九团留下来的

约一个连的兵力，加上从平北四十团调来的一个连，再加上从地方游击队抽调的一个连，组成了一支新的部队——十六区队。十六区队的队长为王茂全，副队长为雷育龙，参谋长为刘光第。区队部设在十渡，活动于张坊、塔照、沈家庵一带。

第二节　地方抗日武装与民团

卢沟桥事变爆发后，地方武装逐渐兴起，十渡、蒲洼、霞云岭等地的一些人以保家安民为由组织民团，有的成了中国共产党领导的抗日武装，有的则成了日本侵略者的帮凶。在开辟抗日根据地的斗争中，中国共产党组织了地方人民武装和群众抗日武装，成为抗日根据地的重要军事力量，同时领导敌后军民大力发展群众性的游击战争，开展了多种形式的武装斗争，创造了很多极为有效的歼敌战术。

一、地方抗日武装兴起

日军侵占房山、良乡两县后，短短的几个月内，从西部山区到东部平原，各种地方武装纷纷涌现，形成这种局面的原因主要包括：一是日军的野蛮侵略，迫使不愿当亡国奴的中国人奋起抵抗；二是在房山、良乡两县的农村存在着众多传统社团和帮会；三是封建地主的剥削和压迫使农民和地主阶级之间的矛盾加深，地主豪绅为了自保，购买枪支，私造弹药，雇用打手，看家护院，贫苦农民为了生存只得建立自卫团保护自己；四是卢沟桥事变后国民党军队溃退，大量枪支弹药散落在农村地区，加之房山地区群山环绕、层峦叠嶂，进可攻，退可守，成为地方武装兴起和活动的优势条件。

十渡、蒲洼、霞云岭等地的地方武装主要有以下几个。

房山九区（霞云岭一带）联庄会，由自卫团扩编而成。1937 年 11 月 7 日，霞云岭、堂上、四马台、下石堡、龙门台等村经商议成立了自卫团，杨天沛任团长，杨万芳任参谋长，下设 3 个营，有百余人。自卫团的枪支弹药由各村出资购买，共有步枪 70 多支、手枪 2 支和一些土枪土炮等。1937 年 12 月，自卫团扩大编制，成立了房山九区联庄会，安济云任司令。1938 年春，房山九区联庄会发展到 200 多人。1938 年 11 月，房山九区联庄会被八路军邓华支队击溃。

堂上、蒲洼、十渡、六渡一带的自卫组织名叫“六善会”，晋汉臣任司令，下设 3 个大队，共 100 多人。1939 年 11 月，被编为冀热察挺进军九团三营。

1937 年 11 月，陈东来在涞水县石亭村召集房涞涿联合县边界的各路武装成立了华北抗日救国同盟军，下分 4 路军，各路军的首领称司令，分片驻防。陈东来被推举为总司令，郭志和为副总司令，苏永志为总参谋长，司令部下设军需、副官、参谋秘书等职。

二、包森建立房涞涿抗日游击支队

要想建立抗日根据地，就必须有强大的武装力量做后盾。包森积极开展对五区自卫团的收编工作，与团总解景波等人连续谈判了 4 天，终于取得了重大突破。根据谈判决议，自卫团收编大会在班各庄召开，南窖、大安山、北峪等村的自卫团成员 150 多人到会。会上，包森宣布将五区自卫团改编为房涞涿抗日游击支队，包森任队长，姜时喆任政治部主任。同时，包森还动员了房山四区维持会会长殷耀东和自卫团团长郝洪如参加抗日。

后来，包森与姜时喆、王友梧等进步青年商议后，决定废除维持会，在南窖村建立抗日救国会，王友梧任主任，还成立了区政府，罗化之任区长，这是房山地区建立的第一个区级抗日政权。

三、晋察冀军区第五支队改编自卫团

晋察冀军区第五支队到达平西后，首先进行了地方武装的收编工作。1938 年 4 月，第五支队来到长操村，对村里的地方武装进行了收编。5 月，在得知房山四区（河北村一带）的自卫团团长殷耀东准备投降日军后，第五支队立即前去开展收编工作，最终自卫团的大部分成员被编入房良四支队。

四、县抗日武装

在开辟抗日根据地的斗争中，中国共产党和八路军在建立县、区抗日民主政权的同时，还非常重视地方武装的建设。

1938 年 2 月，房涞涿抗日民主政权成立后，先是建立了房涞涿游击支队，包森任队长，杨春甫任政治委员；之后建立了房涞涿联合县大队，王志斌任队长，申爽任政治委员。

1938 年 5 月，房良联合县政府成立后，先是建立了平西游击四支队，贾嵩明任队长，尚英、王承禄先后任政治委员；之后建立了房良联合县基干自卫总队，高幸（高树峰）、傅林先后任队长，郭强、赵然先后任政治委员，张伯诚、李久容先后任指导员；还建立了房良联合县大队，龚鉴民任队长，赵然任政治委员。

1941 年 6 月，房涞涿联合县政府成立后，先是建立了房涞涿联合县游击支队，孙庆丰任队长，王伍、赵然先后任政治委员；之后建立了房涞涿联合县大队，肖炳林任队长，赵然、陈洪新先后任政治委员；还建立了房涞涿联合县武委会（武装部），鲁平、贾一平、高朴先后任主任（部长）。

五、改编“六善会”

冀热察挺进军成立后，在平西组建了平西游击支队，黄光明任司令，张汉民任政治部主任，高克恭任总支书记。平西游击支队下设 5 个大队，即昌宛大队、涞涿大队、宣涿怀大队、房良大队和特务大队。其中的特务大队是由“六善会”改编而来，晋汉臣任特务大队队长，下设 3 个连，共计 300 余人。

1939 年 5 月，为了使晋汉臣的部队真正成为中国共产党领导下的一支抗日武装，平西游击支队曾先后两次派人去做晋汉臣的工作，可都因方法不当没有成功。5 月底，平西游击支队司令员黄光明派支队总支书记高克恭去做晋汉臣的工作。高克恭来到晋汉臣的部队后，首先跟晋汉臣搞好关系，之后对晋汉臣部队中的封建意识和管理上的旧军阀作风进行整顿和改进，晋汉臣思想上的疑虑和恐惧心理在日常工作中逐渐解除。相处一段时间后，晋汉臣提出要与高克恭结拜为兄弟。高克恭在请示过黄光明后，答应了晋汉臣。与此同时，高克恭开始在晋汉臣的部队中发展党员，还把一些中共党员英勇作战、不怕牺牲的事迹讲给晋汉臣听，使晋汉臣加深了对中国共产党的认识，并主动提出要在自己的部队中发展党员。后经晋汉臣同意，报上级党组织批准后，在晋汉臣的部队中公开了党的活动。就这样，晋汉臣的部队被成功收编，成了中国共产党领导下的一支抗日武装力量。1939 年 11 月冀热察挺进军改编时，晋汉臣的部队被正式编为九团三营，晋汉臣任营长，高克恭任教导员。在之后的战斗中，九团三营表现得英勇顽强。

六、建立自卫队

自卫队是抗日根据地的重要抗日武装力量，房良联合县和各区、村普遍建立了模范自卫队、青年抗日先锋队、锄奸组、妇女自卫队等党领导的群众抗日武装。1940 年底，按照上级要求，房良联合县二区建立了人民抗日武装委员会，又称区大队，设队长和政委各一人，负责领导全区的民兵工作。平西专署也成立了武装委员会，统一领导平西的群众抗日武装。

自卫队是不脱离生产的群众武装组织，主要任务包括：协助抗日军队作战；进行游击战争，实行坚壁清野；侦察警戒，封锁消息，站岗放哨，清查户口，捉拿敌特；维持地方治安，镇压汉奸；传递情报，运送军用物资及伤兵；等等。

自卫队主要由模范自卫队和青年抗日先锋队两部分组成。模范自卫队由 24 至 35 岁的壮年组成，主要是党员和先进分子，也称基干自卫队，其一切工作都带有严格的军事性和政治性。青年抗日先锋队由 16 至 23 岁的青年组成，主要任务包括：配合部队作战，进行游击战争；维持后方治安，负责抗战勤务工作；加强青年的军事训练及政治教育；不断输送队员参加部队，壮大子弟兵队伍。

因小股日伪军的不断袭扰，广大群众迫切地需要自卫武装，于是在游击区或接近游击区的各村便建立起了游击小组。游击小组是秘密的不脱离生产的人民武装组织，由一部分青年抗日先锋队和模范自卫队的成员组成。游击小组的武器装备比一般的民兵要好，既能配合部队作战，又能独立进行游击活动。游击小组经常进行镇压汉奸、袭扰日伪军、消耗日伪军、疲惫日伪军的活动，是抗日根据地武装斗争的重要力量。

区、村抗日政权还相继建立了妇女自卫队，以村为单位，编为队、中队及班，受各级武装委员会的统一指挥，主要负责站岗放哨、传递情报、短途运输、坚壁清野、参加大生产运动、维持后方秩序等工作，特别是当民兵外出随部队作战、抢救伤员、运动物资时，妇女自卫队便成了村中的抗日主力，承担起村里的武装自卫任务。

中共房良联合县委不断加强对自卫队的领导，选派优秀共产党员担任自卫队的领导职务，利用农闲时间，以中心村为单位开办武装干部训练班，进行军政教育训练。自卫队，特别是青年抗日先锋队成为补充正规部队的主要力量。

七、二区建立复仇队

1940 年 10 月，日军“扫荡”十渡地区，在前石门、后石门、平峪等村制造了多起血案。日军在十渡村烧毁房屋 700 多间，在前石门村烧毁房屋 100 多间，在平峪村烧毁房屋 590 多间、羊棚 30 多个，各村一片狼藉。

日军的暴行激起了十渡人民的民族仇恨，激发了十渡人民的爱国热情。经二区区委、区政府向上级请示，决定在前石门村成立复仇队，不到一个月的时间就有100多人报名参加，后来复仇队被整建制编入冀热察挺进军九团三营。

八、九区自卫团叛变

1938年春，陈正湘率领部队到达涞涿联合县板城村附近，九区自卫团随即派人与其取得联络，之后陈正湘任命九区自卫团的安纪云为独立团团长。1938年2月，邓华支队到达平西，相继建立了宛平、宣涿怀、房涞涿抗日民主政权，九区自卫团被编为房良七支队，晋汉臣任队长，安纪云任副队长。后来，九区自卫团前往西峪寺村解决了胡振海部，缴获了大量物资。自此，九区自卫团成为独立的抗日武装力量。

1938年5月，晋察冀军区第五支队在佛子庄、河北村一带以会议检阅的方式解除了当地民团的武装，将其改编为游击队，九区自卫团得知消息后非常不满。7月下旬，发生紫石口事变，董丰海率部跑到九区，造谣八路军要解除民团的武装，还要征兵。九区自卫团的杨天沛等人决定叛变，开始与八路军为敌，并勾结日军和土匪制造了王家台惨案。

此时，房良联合县政府驻在长操村，工作还未开展到霞云岭地区，因此八路军未能及时给九区自卫团以打击，以致叛变的九区自卫团更加嚣张。杨天沛担心自己力量单薄，于是派人联系了华北抗日救国同盟军的周文龙部和陈东来部，请他们前来驻防霞云岭地区。

周文龙部驻防霞云岭后，与杨天沛等人商议，希望将他们调往西峪寺一带，九区由周文龙部接防，杨天沛等人对此非常不满，后将周文龙某部消灭在了霞云岭、三流水一带，陈东来的部下邢德章也遭到了枪杀。自此，华北抗日救国同盟军与九区自卫团关系恶化。

第三节　粉碎日军的“扫荡”

从1939年2月开始，日军不断增加在平西、冀中及平西周边地区的兵力，对平西抗日根据地实施了多次大规模的“扫荡”。从1941年开始，日军对抗日根据地进行了全面的封锁，妄图把抗日根据地困死。抗日根据地的军民团结一致，在房山多地狠狠打击了前来“扫荡”的日伪军，粉碎了日军的一次次“扫荡”。

一、粉碎日军1939年的3次“扫荡”

1939年2月，侵华日军华北方面军为实施其《1939年度治安肃正计划》，开始向平西抗日根据地进行“扫荡”。2000余名日本兵从石门子、矾山堡、怀来、门头沟、房山分5路出发，以东斋堂、西斋堂、上清水、下清水为重点，“分进合击”。冀热察挺进军根据敌情，决定将主力部队布置在内线，利用山地易守难攻的优势打击日军，同时派一部分部队迅速绕至敌人侧后方，从外线伺机攻打日军据点，伏击日军援兵，截夺日军辎重。同时，积极动员地方武装与广大群众共同保卫平西抗日根据地。

2月1日至7日，冀热察挺进军和平西地方武装、广大群众一起，与日军苦战一周，最终取得了战斗的胜利。此次战斗共击毙日军 200 余人，抓获俘虏 9 人，缴获枪支 10 余支、战马 9 匹，以及众多军用物资。2 月中旬，冀热察挺进军某部在周口店、羊尔峪、山顶庙等地先后袭击日伪军。2 月 23 日，驻涿县县城附近的冀热察挺进军袭击了尤家坟与长沟的日伪军。2 月 25 日，冀热察挺进军袭击了下庄村的日伪军，敌人伤亡惨重。2 月 27 日，日伪军从大峪沟、张坊、下寺 3 路合击沈家庵，被冀热察挺进军某部击溃。

3 月 2 日，日军步骑兵 300 余人由涞水县下庄村偷袭祖各庄，驻涞水县城周边的冀热察挺进军某部在村北奋力抵抗，最终日军溃败逃窜，伤亡惨重。3 月 10 日，冀热察挺进军某部越过平汉铁路，夜袭固安县城西南的大辛庄，大获全胜。3 月 11 日，冀热察挺进军某部在怀安县火床口附近击溃伪军 40 余人。3 月 13 日，冀热察挺进军某部在高碑店以东的猪皮营与日伪军 200 余人发生激战，最终将日伪军击溃，敌人伤亡 20 余人。3 月 28 日，日伪军 200 余人进犯房山北窖，冀热察挺进军某部将敌人包围，河北村的日伪军百余人前来增援，冀热察挺进军撤至大岭。3 月 29 日，河北村的日伪军 300 余人进入北窖。3 月 30 日，日伪军占领南窖，冀热察挺进军某部集中兵力展开攻势，双方激战 3 个小时，南窖之敌分两路溃逃。

日军兵分 5 路的“扫荡”被冀热察挺进军粉碎，之后进攻斋堂村时也遭受重创，惨败而逃。为了报复，日军于 4 月中旬集结多地兵力，开始了新一轮的“扫荡”。

4 月 24 日，日军分头出动，东路日伪军 500 余人由房山进攻南窖、上石堡、下石堡。4 月 26 日，日伪军由南窖进至霞云岭附近，部分兵力直逼龙门台。冀热察挺进军派一小部分部队在龙门台钳制敌人，主力部队在霞云岭的庄户台附近埋伏。战斗从上午打到黄昏，日伪军伤亡 30 余人，最终败逃。同时，冀热察挺进军与部分村庄的基干游击队和模范自卫队在南窖、下石堡、大安山等地设伏，毙伤日军 20 余人，并缴获一批枪支弹药。

6 月初，日伪军对平西抗日根据地进行了第三次“扫荡”，企图构筑新的据点，进一步封锁平西抗日根据地。

6 月 19 日至 26 日，日伪军 2500 余人分 5 路对平西抗日根据地进行“扫荡”，这是冀热察挺进军到达平西抗日根据地后日伪军发动的最大规模的一次围攻。这场战斗日伪军伤亡 350 余人，冀热察挺进军伤亡 150 余人。6 月 28 日，冀热察挺进军分兵袭击沿河城、青白口与傅家台东山的残余日伪军，毙敌 60 余人。6 月 29 日，沿河城的冀热察挺进军收复向阳口。同日，冀热察挺进军某部夜袭大村，击毙日伪军 10 余人。同日，冀热察挺进军某部夜袭驻太平堡的清乡队，敌人不敢抵抗，溃乱逃走。

7 月 2 日，冀热察挺进军收复镇边城、横岭城。7 月 8 日，冀热察挺进军某部夜袭驻王平村的日伪军，毙伤 20 余人。7 月 10 日，冀热察挺进军袭击占水头、井沟的日伪军，伪自卫团 150 余人溃逃，自卫团副团长被俘。7 月 15 日，日伪军 350 余人企图对冀热察挺进军进行反攻，复占井沟，冀热察挺进军坚决还击，激战五六个小时，最终日伪军伤亡 60 余人，向十八家一带溃退。

平西抗日根据地的军民在第三次反“扫荡”斗争中共进行了 50 多次战斗，毙伤日伪军 2000 余人。至此，日军在 1939 年发动的 3 次

“扫荡”均被平西抗日军民击溃。但日军在“扫荡”时四处修筑工事、设立据点，为继续“扫荡”平西抗日根据地做好了准备。

二、粉碎日军 1940 年的春季、秋季“扫荡”

1939 年冬，日军在北平召集平西与察南各据点的重要指挥官召开会议，讨论如何进攻平西抗日根据地。1940 年 2 月末，日军从华北战场抽调兵力，编成了一个混成旅团，作为“扫荡”平西抗日根据地的主力部队。

1940 年 3 月，6000 多日军，3000 多伪军，加上被强拉来的民夫 2000 多人，各种大牲畜 1000 多头，在 5000 余门大炮和 10 架侦察轰炸机的掩护下，兵分 10 路，从西、北、东 3 个方向对平西抗日根据地进行“扫荡”。冀热察区党委及时向抗日根据地的军民提出了“为保卫春耕、保卫根据地而战”的动员大纲，号召抗日根据地的军民团结起来开展反“扫荡”斗争。

反“扫荡”斗争自 3 月 9 日开始，至 3 月 22 日结束，共历时 14 天。斗争可分为 3 个时期：3 月 9 日至 14 日，为日伪军猛攻，抗日根据地防御时期；3 月 15 日至 18 日，为日伪军由企图挽救颓势，进而慌乱溃退时期；3 月 19 日至 22 日，为日伪军企图实施报复，并搬运阵亡士兵尸体时期。在这次反“扫荡”斗争中，抗日根据地的广大民众被充分动员起来，在日伪军发动进攻之前就已经做好了坚壁清野的工作。战斗打响后，广大民众积极参加运送弹药、侦察敌情、抬运担架等勤务工作，各地区的群众和自卫队还积极配合主力部队参战杀敌，最终成功粉碎了敌人的“扫荡”。

1940年10月，日军调集更多兵力，兵分10路，采取“分进合击”“梳篦清剿”的战术向平西抗日根据地发动了更大规模的“扫荡”，平西抗日根据地的主力部队和地方武装全部投入反“扫荡”斗争中。

日伪军兵分多路对斋堂川和三坡地区进行重点合击：一路是南口的日伪军500余人，向青白口方向前进；一路是门头沟的日伪军500余人，经千军台，向大安山方向前进；一路是房山、良乡的日伪军600余人，经红煤厂，向长操方向前进；一路是日伪军2000余人从矾山堡、石门子出发，分头向孔涧、大庙一线前进。

10月13日，日伪军开始“扫荡”。10月14日、15日、17日，日伪军相继占领青白口、斋堂、清水。鉴于抗日根据地内的回旋余地较小，冀热察挺进军的主力部队为了避免陷入敌人的包围圈，主动撤离根据地，伺机从侧后方打击日伪军。

在房山、良乡地区，日军分兵两路进行“扫荡”：一路从涞水石亭出发，沿拒马河河谷向平峪、马安、东村一带奔袭；一路从河南、南窖出发，顺大石河河谷，经下石堡、上石堡直扑东村。这两路日军妄图在东村汇合，一举侵占房良联合县抗日根据地。

这次“扫荡”中，日军在抗日根据地内大量修筑据点，扩大治安区，以“囚笼政策”隔断各抗日根据地之间的联系。此时，驻防平西的冀热察挺进军七团已奉命开赴平北，平西的主力部队减少，使得平西地区的反“扫荡”斗争更加困难。

尽管日军不停地疯狂“扫荡”，冀热察挺进军仍不畏强敌，英勇善战，伺机打击日军。10月16日，冀热察挺进军伏击了向谢家堡、朱家峪进犯的500余名日伪军，毙伤30余人；10月17日，冀热察挺进军九团击溃了向老婆岭进攻的300余名日伪军，毙伤100余人；11月初，冀热察挺进军九团二营七连伏击了驻大庙的日伪军抢粮队，毙伤4人；11月17日，冀热察挺进军九团伏击了向朱家峪进犯的600余名日伪军，毙伤40余人。

鉴于日军对平西抗日根据地进行“大扫荡”时后方空虚，冀热察挺进军司令部命令平西游击三总队重返怀涿地区，深入日军后方，袭扰日军。

三、粉碎日军1941年的春季、秋季“扫荡”

1941年，平西抗日根据地的春季反“扫荡”主要在平西的南部和北部展开。

平西南部的反“扫荡”斗争主要在拒马河地区展开。3月初，日军开始不断地向平汉铁路两侧的涿州、涞水地区增兵；3月22日，冀热察挺进军某部在涿县西展台外伏击了外出侵扰的日军，炸毁日军汽车2辆，毙敌10余人；3月25日，日军在平西东南面的涿州、涞水、邵村、魏村等据点增兵6000余人；4月1日，八路军某部袭击了松林店房树村的敌人据点，俘虏伪军10人；4月11日，八路军某部再次袭击松林店房树村据点，不仅将其摧毁，还俘虏日伪军30余人；4月16日，日伪军2000余人从邵村、魏村据点出发，向军厂、木井一带进犯，冀热察挺进军某部沿途对其进行阻击，毙伤110余人，敌人溃败；5月9日，日伪军500余人向驻防在涞水的冀热察挺进军发起进攻，双方激战4小时，毙伤敌人30余人；5月10日，冀热察挺进军某部收割敌人电线 500 斤；5 月 16 日，冀热察挺进军某部在涿县邵村附近伏击日伪军，双方激战半小时，毙伤敌人 20 余人，俘虏伪军 6 人，缴获大车 6 辆、步枪 20 余支，敌人溃逃；5 月 19 日，冀热察挺进军某部袭击平汉铁路支线车站，俘虏伪军 36 人、维持会会长 1 人，缴获步枪 30 余支及大量军用物资。

在平西北部地区，4 月 16 日，2000 余名日军从杜家庄出发，侵占奴才岭；5 月 9 日，冀热察挺进军某部收割敌人电线 240 斤，并将追击的日军击溃；5 月 19 日，百余名伪军在马水城附近被冀热察挺进军某部击溃；同日，200 余名日伪军被冀热察挺进军击退，毙伤 30 余人。

1941 年 8 月，日军集中了 6 个精锐师团、5 个混成旅团，加上大批伪军，共计 10 万余人，在空军配合下，采取“铁壁合围”战术，兵分 13 路向晋察冀边区的北岳区与平西抗日根据地大举发动进攻，妄图摧毁八路军主力部队和党政机关。当时，平西主力部队九团驻在十渡、西庄一带，冀中十分区的医院、兵工厂、缝纫厂等单位，房涞涿联合县委、县政府，以及多个群众抗日团体、二区区公所驻在十渡、八渡一带。

8 月 13 日夜，日伪军兵分 4 路，北路由霞云岭出发，越山路，经马安村；东路由张坊出发，经千河口，顺河而上；南路由东水峪出发，越山岭，经九渡南沟；西路由南台出发，越山沟，直插前石门南沟，最终目的是进攻十渡、西庄、前石门、后石门等村。进犯平西抗日根据地的敌人兵分两路，直扑房涞涿联合县政府的所在地——十渡村。为了掩护党政机关、部队、医院及后勤人员安全转移，八路军九团二营的一个加强排在临近房山和涞水边界的八里塘对日伪军进行了阻击。八里塘一战，八路军战士不畏牺牲，英勇阻击了日伪军的大举进攻，不仅掩护了主力部队和党政机关安全转移，还粉碎了日伪军妄图歼灭抗日根据地的阴谋。

8月23日夜，从红煤厂出发的日伪军向霞云岭、东村方向进犯，从涿县出发的日伪军沿拒马河河谷向河路沟、蒲洼地区进犯，从涞水太平庄出发的日伪军经深山峡谷，向十渡、蒲洼地区进犯。中共房涞涿联合县委得到情报后，立即召开了区、县干部会议，并连夜奔赴各村组织动员群众转移和做好坚壁清野工作。

从8月24日开始，沿拒马河河谷推进的约3000名日伪军经六渡、十渡，于8月28日到达涞水蓬头，然后又从蓬头返回，他们边走边搜查，在沿路各村强行抢烧，其中八渡村有300余间房屋被烧毁，十渡村有470余间房屋被烧毁。日伪军回到十渡一带后，分别在西庄村和王老铺村建立了据点，并分别在十渡村、六渡村留兵驻守，妄图长期在此盘踞，其余部队则顺拒马河河谷返回。

1941年10月4日，盘踞在西庄据点40多天的日伪军狼狈撤退，沿拒马河河谷缩回到张坊以外的平原地区。10月10日，晋察冀军民的秋季反“扫荡”斗争胜利结束。这次反“扫荡”斗争的胜利不仅给日伪军以严重的打击，还极大地提升了平西抗日根据地军民的士气。

四、粉碎日军1942年的春季、秋季3次“扫荡”

1942年春，日军抽调房山、良乡及其他据点的日伪军1000余人，计划从坨里进山，绕行南窖，经霞云岭、堂上，最终直奔房涞涿联合县政府所在地——十渡村，日伪军沿途进行了疯狂的烧杀抢掠。房涞涿联合县九区的民兵得到情报后，在日伪军的必经之路埋下了地雷，日伪军无法前进，只得把从各村抢来的牛、羊集中起来，让它们在前边蹚雷开道。就这样，南窖至霞云岭十几公里的路程，日伪军竟走了好几天。后来，日伪军好不容易进入了十渡地区，又在十渡村的北山梁遭遇了八路军九团的阻击。最终日伪军都没敢进入十渡村，从马安村外的大木口鞍沟奔六渡村方向狼狈撤退。

1942 年 8 月，日伪军 200 余人从南窖出发，经银水向十渡抗日根据地进犯。房涞涿联合县九区游击队在队长隗和宽的带领下，仅凭着十几支破旧步枪，利用山势陡峭的有利地形，居高临下，对日伪军进行了阻击，最终毙敌 1 人、伤敌 5 人，日伪军被迫退回了南窖据点。

1942 年 9 月，一部分日伪军从涞源出发，经东村、宝水，准备进犯十渡地区，不料在途中遭到了东村民兵的阻击。这次阻击不仅使敌人不敢再贸然进犯，也为主力部队制订作战计划争取了时间。后来，东村民兵受到了分区领导和县委领导的表扬。

五、粉碎日军 1943 年的“辗转扫荡”

日军为了改变被动作战的局面，放弃“跃进蚕食”，改为“辗转扫荡”。首先派出特务到边区腹地侦察，然后采用轻装急进、昼夜奔袭、突然合围的方法，袭击边区的党政军指挥机关，控制机动要点，对狭小地区进行轮番“扫荡”“清剿”，并搜集、挖掘抗日根据地的物资，对抗日根据地进行经济封锁。1943 年 4 月 19 日至 5 月 17 日，先后有 1.2 万多日伪军对第四、第三、第一、第十一军分区进行分区域的“辗转扫荡”。

八路军起初对敌人的“辗转扫荡”判断不准，准备不足，导致有的部队机关遭到日伪军的包围合击后损失巨大。后来，八路军迅速调整兵力部署，变被动为主动。针对日伪军昼夜奔波过度疲劳、不能携带重武器、实施经济封锁的敌人过于分散、敌人后方守备兵力空虚等弱点，八路军采取了新的斗争策略，小股部队在敌人后方积极开辟游击区，配合反“扫荡”斗争，主力部队开展分散性的游击活动，正面粉碎日伪军的“扫荡”。

1943 年 4 月中旬，300 多名日伪军携带轻重机枪数挺、迫击炮数门，再次从霞云岭出发，向十渡地区进犯，企图袭击房涞涿联合县政府及部队指挥机关。当时，房涞涿联合县政府驻在十渡村，冀中十分区二十七团也在十渡一带活动，团部设在西庄村，十渡村驻有一个新兵连，冀中印刷所和银行在西河村，兵工厂在后石门村。这天早晨，日伪军的马队刚刚接近马安村，房涞涿联合县县长郝绍尧便得到了情报，之后他立即组织县政府的工作人员撤到了村西的山沟里。二十七团则派出一个排在老帽山下的一个山头阻击日伪军，掩护政府机关和群众撤离，这次战斗中共有 14 名战士壮烈牺牲。等日伪军进入十渡村后，才发现房涞涿联合县政府和村中百姓早已撤离，之后敌人气急败坏地在村中放起火来，共烧毁房屋 400 余间，最终日伪军懊丧地沿墓安、五合方向撤走了。

自 1940 年春到 1943 年夏，日伪军多次进犯十渡抗日根据地，或集结大部队“扫荡”，或利用小股武装偷袭骚扰，但都以失败而告终。1943 年秋，十渡抗日根据地不仅得到了巩固，还逐步发展壮大，并且抗日军民的游击活动开始逐渐深入游击区和日伪占领区。

第四节 全民参加抗战

在中华民族面临生死存亡之际，中国共产党积极倡导建立并坚决维护抗日民族统一战线，贯彻执行群众路线，尊重人民主体地位和首创精神，坚决维护人民利益，培养了党、军队和人民的鱼水之情，唤起了全民族抗战的战斗热情。抗日根据地的人民群众表现出了高度的爱国主义热忱，各村各户有钱出钱、有力出力，踊跃参军参战，他们抬担架、送公粮、站岗放哨、出勤务、纳粮交税，人人参战，家家为抗战做贡献。

一、全民抗战

1939 年，邓华率领部队驻扎在十渡地区时，曾将“抗日高于一切，一切为了抗日，一切服从抗日”的口号书写在十渡的龙山上。十渡抗日根据地的人民群众不分男女老幼，全都积极地为抗战贡献出自己的一分力量。在中共平西地委和中共房良联合县委的领导下，抗日根据地坚决贯彻执行党的抗日民族统一战线政策，争取各阶级、各阶层的民众加入抗日阵营中来，抗日工作开展得红红火火。

抗日根据地的各个村庄普遍建立了抗日民主政权和群众抗日团体，凡 55 岁以下的人民群众，只要身体没有残疾，均在区政府登记注册，然后参加各种抗日组织。15 岁以下的儿童全部参加儿童团，16 至 55 岁的成年人全部参加自卫队，同时根据每个人的实际条件和所在村的具体情况，自卫队成员分别参加农救会、青救会、妇救会等群众抗日团体，以及青年抗日先锋队、模范自卫队、游击小队等抗日武装团体，有时还要参加临时性的担架队、运输队、运粮队等。

抗日根据地的人民群众在各种抗日团体的领导下，实现了全民动员。八路军部队来了，有专人负责备粮、备草、派伕、带路。八路军部队作战时，民兵自卫队负责抬担架、运伤员、送粮食、烧开水，努力协助部队作战，平时则积极承担站岗、送信、运输、侦察、锄奸等工作。

晋察冀边区政府规定，军队和政府的脱产人员不得超过当地人口的 3%，而平西地区却达到了 5%。当时，房涞涿联合县政府、冀中十分区的主力部队，还有冀中十分区的地方医院、卫生所等机构都在十渡地区，这就使得十渡人民的勤务负担远远超出了边区政府的规定，比如按照边区政府的规定，除战时外，村民每月出勤务不得超过 5 天，而马安村的村民平均每月出勤务都在 20 天以上。

二、参军上前线

军阀混战时期，十渡地区有一句顺口溜：“好铁不打钉，好汉不当兵。”全民族抗战爆发后，日本侵略者的暴行，以及八路军到十渡以后的抗日宣传，激发了十渡人民的爱国热情，妻子送丈夫当兵、母亲送儿子当兵的场景经常出现，十渡人民纷纷主动参军参战。

1938 年至 1945 年，在平西八路军主力部队和地方武装扩军的过程中，十渡地区超额完成了任务。1939 年秋，冀热察挺进军有过两次征兵，一次是房山营征兵，另一次是平西特务大队在马安村扩充三中队，当时马安村的民兵中队长刘德森带头参了军。河路沟地区的抗日活动也十分活跃，蒲洼、张坊等村的很多村民参加了主力兵团，不仅有力地支援了主力部队，而且壮大了地方武装力量。

马安村有 300 口人，1939 年和 1940 年参加八路军的有 48 人，占全村总人口的 16%；六渡村有 500 口人，1939 年和 1940 年参加八路军的有 70 人，占全村总人口的 14%；十渡村有 1800 口人，1939 年和 1940 年参加八路军的有 67 人，将近占全村总人口的 4%；王老铺村有 400 口人，1939 年和 1940 年参加八路军的有 46 人，将近占全村总人口的 12%。

马安村的刘殿清，15 岁入党，16 岁时赶上部队征兵，由于父亲去世早，家中只有母亲、一个 12 岁的弟弟和两个不足 10 岁的妹妹，刘殿清本是不符合报名参军的条件，可他服从支部的决定，响应中共党员带头参军的号召，毅然决然地选择应征入伍。

蒲洼议合村的崔德秀一家是房涞涿联合县著名的抗战家庭，兄弟四人都参加了八路军，其中崔德秀的三弟为革命事业献出了自己宝贵的生命，其余三人有的负伤，有的积劳成疾，都为抗日战争的胜利做出了巨大的奉献。

三、妇女积极参战

1926 年，毛泽东在《湖南农民运动考察报告》中指出，中国妇女深受政权、族权、神权、夫权四重压迫，“政权、族权、神权、夫权，代表了全部封建宗法的思想和制度，是束缚中国人民特别是农民的四条极大的绳索”。毛泽东深刻地揭露了封建社会制度对妇女的压迫。全民族抗战爆发后，共产党和八路军建立起了抗日根据地，开始组织妇女学文化、学政治，向全社会，特别是广大妇女宣传共产党的政策和法令，提倡男女平等，反对封建礼教。十渡地区的妇女也逐渐意识到妇女也是人，应该争取和男性一样参加抗战及各种社会文化活动的权利。十渡地区的各个村庄相继成立了妇救会，帮助妇女解决在夫妻关系、婆媳关系、邻里关系等方面遇到的不公平待遇。随着妇女工作的深入和《婚姻法》的宣传贯彻，封建社会遗留下来的虐待妇女、残害儿童、童养媳、包办婚姻、一夫多妻、寡妇不得再嫁等陋习逐渐得到解决。妇女的解放极大地调动了广大妇女参加抗战的积极性，她们开始更多地承担起支援前线、保卫和建设抗日根据地的任务。

做军鞋，缝军服。抗战时期，山区的八路军走山路、打游击，最费的就是鞋，因此做军鞋就成了抗日根据地妇女的一项重要任务。抗日根据地要求凡是 15 岁以上的妇女，只要有劳动能力，都要承担做军鞋的任务，平均每人每年至少要做 4 双，并且做军鞋的布料和麻绳还需要各家自己准备。对于军鞋的质量要求得也是非常严格，必须是实帮实底，鞋底要用麻绳纳。在承担做军鞋任务的同时，抗日根据地的妇女还要承担缝制军服的任务。

照顾伤员。抗战时期，十渡地区是平西抗日根据地的后方基地，冀中十分区的伤病员和平西部队的伤病员经常住在十渡地区的村庄。由于抗日根据地缺医少药，很多伤病员需要长时间的休养才能归队。伤病员在村民家中疗伤期间，主要由家中的妇女进行照顾。

承担保障任务。十渡地区的民兵自卫队经常随部队外出作战，或者外出进行运输物资等勤务工作，此时留在村里的妇女就要承担起站岗放哨、警戒、短途运输等保障任务。

承担生产任务。十渡地区的大部分农民都承担着上缴公粮的任务，当家中的男性外出进行勤务工作时，各种农务活儿就落在了妇女的肩上。

承担家务劳动。广大妇女在承担各种抗战、生产任务的同时，还要照顾好家庭，努力做好家务劳动，保障家庭的正常生活。

四、捐款纳粮，支持抗战

1937 年，为了保障抗日武装和抗日民主政府的给养，十渡地区实行合理负担，家庭情况好的多负担，家庭情况一般的少负担，家庭情况不好的不负担。1938 年起，抗日根据地开始征收公粮，按经营土地的亩数征收粮食，原则上是地多多交、地少少交、无地不交。1941 年，抗日根据地开始实行统一累进税，每个人减一个免税点，扣除人畜口粮，地越多累进的数越大，按亩数累计。平峪村 1938 年交公粮 8880 斤，1939 年交公粮 9000 斤，1940 年交公粮 8400 斤，1941 年交公粮 3.3 万斤，1942 年交公粮 2.5 万斤。后石门村平均每年交公粮 1 万斤，其中陈润林一家一次性交公粮 1000 多斤。东太平村平均每年交公粮 8000 斤，其中齐凤良一家一次性交公粮 7000 斤。

二区区政府在组织各村交公粮时，要求将好的粮食上交给政府，赖的粮食留给自己，同时对公粮的质量也要求得非常严格，要求米中无砂子、无烂米、无糠皮。

五、民兵反“扫荡”

1941 年秋，驻扎在南窖据点的日伪军准备夜袭位于龙门台村的九区区公所。日伪军快到龙门台村时被村民发现，村民赶忙回村通知区公所的干部迅速撤离。区公所的干部撤到宝水村后，18 岁的宝水村民兵梁巨强到宝水村与堂上村之间的大岭上放哨。梁巨强刚爬上东侧山坡，就发现了山坡下有日伪军，他正在思考如何通知村里人时，无意中碰到了后腰上别着的两颗手榴弹，顿时计上心头。待敌人走近后，梁巨强迅速从腰间取出手榴弹，猛地将手榴弹向日伪军掷去。只见红火一闪，紧接着就传来了手榴弹的爆炸声。听到爆炸声，区公所的干部赶忙撤离了村子。手榴弹炸响后，日伪军被吓得趴在地上一动也不敢动。等了很久，日伪军刚要向山上进攻，梁巨强又将另一颗手榴弹掷向了敌人。之后趁敌人还没有反应过来，凭借着对地形的熟悉，梁巨强悄悄钻进南侧的山林，消失在了夜色之中。

1941 年秋，南窖、坨里、斋堂的日伪军沿霞云岭的大石河河谷，经堂上、宝水、东村，向抗日根据地深部推进。日伪军一路上烧杀抢掠，制造了多起惨案，使抗日根据地的军民遭受了巨大损失。当日伪军行至花台东村一带时，敌人发现东村邓子沟深处有抗日军民掩藏起来的牲口，便命令一名伪军前去抢掠，其余部队继续前进。此时，负责保护这些牲口的东村村民任成文悄悄地躲在一大块山石后面，见有一个伪军走过来，心里便开始盘算怎样克敌制胜。任成文先是观察了日伪军大部队的动向，发现日伪军已经走远，后面跟随的都是抢掠来的牲畜，接着他又观察了越来越近的伪军，眼看已经到了掩藏牲口的地方。任成文见时机成熟，突然从山石后面窜出，一下子将伪军扑倒在地，经过激烈缠斗，最终任成文用石头将伪军砸死。此时，日伪军大部队已经走远，掩藏的牲口安然无恙。

六、黄土梁子阻击战

1942 年 8 月，从涞源出发的一队日军途经马各庄和蒲洼地区的芦子水，准备返回南窖据点。八路军九团三营奉命在马各庄村东的黄安岭进行阻击，不料在芦子水村便与敌人遭遇。为了抢占黄土梁子制高点，九团三营的战士边打边撤，日军则是边追边放火。九团三营的战士抢占了黄土梁子后才发现这里的地形十分奇特，前面坡陡易守难攻，后面坡缓可快速撤离，东、西两侧有两条沟谷向北延伸，是一个打伏击的理想地形。不久，日军来到黄土梁子坡下。敌人本想绕过山坡，不料突然遭到了九团三营的猛烈射击。日军赶忙趴在山坡下，呈梯队向山坡进攻。在机枪的掩护下，一队日军艰难地向坡顶爬去。当日军进入有效射程，九团三营的战士开始猛烈射击，很快便打退了敌人的进攻。日军急忙又调来两挺机枪，然后重新组织兵力向山顶进攻。在强大火力的掩护下，几十个日本兵眼看就要爬到坡顶。此时九团三营的战士又是一阵猛烈射击，日军连滚带爬地退了下来。之后日军又尝试了多次冲锋，可都被九团三营的战士打退了，战斗一直进行到了黄昏。此时，日军改变了进攻策略，派少数部队正面进攻，大部队兵分两路从侧翼包抄。九团三营的战士很快意识到了敌人的进攻策略，也及时调整了战术，在把冲在前面的日军打退后，果断撤出了阵地。等到日军攻上山坡，才发现九团三营的战士早已安全撤退。黄土梁子阻击战进行了5个多小时，打退了日军的十几次进攻，毙伤敌人几十人，九团三营无一人伤亡。

七、部队拥政爱民

八路军部队很注重拥政爱民教育，要求干部和战士必须做到以下几点：保证拥政爱民；不拿老百姓一针一线，借了东西，用完要赶快归还，如有损坏要立即赔偿；坚决完成战斗任务，保护人民群众的生命财产安全，帮助抗属春耕；不得违犯群众纪律，不随便吃拿老百姓的东西，尊重政民工作人员，见面要敬礼。另外，党政机关和部队在各村公所购置粮食时，必须支付粮票，没有粮票的必须打借条。

1942年和1943年，冀中十分区的卫生所驻在平峪村，部队医生经常主动为群众看病。

1942年，由于日军的全面封锁，加之严重的干旱，使得抗日根据地的军民生活陷入了极度困难之中。冀热察挺进军要求各部队不许和老百姓争食物，不许采集所居住村庄的树叶和野菜。当时驻西庄村的部队在购买老百姓的木柴时压低了价格，少给了几毛钱，部队领导知道后要求当事人立即返还。

八、热心救助伤员

1940年10月初，日军计划对十渡抗日根据地进行“扫荡”，中共房良联合县委和中共房良联合县二区区委得到情报后，在坚壁清野的同时，迅速布置了安顿八路军三十二团三营的44名伤病员的工作，最终44名伤病员成功躲过了日军的搜查。

1940 年 10 月，马安村的村口突然传来一阵枪声，村民们听到后赶忙带上些简单的日用品就往山里跑。此时马安村的粮贸干事、共产党员隗甫林由于身患重病，身体十分虚弱，他与抱着孩子的妻子正在缓缓地向山里走着。突然有人对他们说“老乡快跑，鬼子进村了”，隗甫林顺着声音望去，在一墩青蒿子后面发现了一位穿着灰军装的八路军。通过交谈隗甫林得知，这位八路军的腿部中弹，行动不便，隗甫林提出要背着他撤离，可这位八路军一再拒绝，最终眼看情况实在紧急，八路军只得同意。三人到了山里，隗甫林才知道这位八路军名叫高来坤，是八路军某部的司令员。在刚才的战斗中，他的警卫员一个牺牲了，另一个失去了联系。就在此时，另一个警卫员发现了高来坤等人。后来，隗甫林把高来坤和警卫员安置在了一个山洞里。接下来的几天，隗甫林和妻子对高来坤进行了悉心的照料。几天后，高来坤的伤势有所好转，隗甫林便把他们送去了医疗条件更好的地方。

同样是 1940 年日军“扫荡”期间，冀中十分区的部队接到转移的命令，冀中十分区留守处政委卢晓把两名重伤员交给了平峪村村长邱志文。邱志文考虑再三，最终把两位伤员秘密安置在了贫农晋恒忠家里，并一再嘱咐晋恒忠要把两位伤员照顾好、保护好。晋恒忠把两位伤员藏在了一处向阳的山洞里，每天夜深人静时，他便给两位伤员送饭、送水。当卢晓返回平峪村时，看到两位伤员安然无恙，他一再对晋恒忠表示感谢。

1940 年秋，日军火烧马安村，村里的房子全被烧毁了。村民隗福兰家仅剩下了半罐烧煳的大枣，她支上锅，放入水，正要给自己的 3 个孩子煮点枣汤喝，突然家里进来了两个八路军伤员。隗福兰看到负伤的八路军战士，不禁想起了自己当兵的儿子。她赶忙把两个战士扶回已经没有了房顶的屋里，然后煮好枣汤给他们喝。就这样，一连给八路军伤员煮了3天枣汤喝。后来，八路军部队找到了他们，两个战士辞别了隗福兰一家，而此时隗福兰一家4口已经没有了任何可以吃的东西，隗福兰这种坚定支持抗战的无私奉献精神着实令人动容。

九、护理赵然

赵然的腿有点残疾，行动不便，且患有肺结核，但是他从没有因此而放弃工作。一区事变后，他多次到霞云岭与晋耀臣一起商谈工作。谈完工作后，他要被担架抬着，从庄户台出发，经马安村的东山，最后到蒲洼村的分区医院看病。由于马安村东山的石梯无法使用担架，因此每次都是马安村的共产党员刘显彬将他背到马安村。经过一段时间的治疗，赵然的病情稍有好转。

1942年10月，赵然担任中共房涞涿联合县委书记，由于日军的全面封锁，十渡抗日根据地进入极端的困难时期，工作任务也更加繁重。1944年初，赵然肺病复发病倒了，中共房涞涿联合县委安排刘占臣、刘占职、刘殿真轮流对他进行照顾。赵然等人先是在西庄村的赵振奎家住，可由于工作不便，又搬到了西庄村的崔春山家里。后来实在无法坚持工作了，赵然才向中共平西地委请了病假。得到批准后，为了安心静养，赵然搬到了西庄村的隗永喜家。在治疗期间，赵然坚持把好药留给重伤员用。1944年5月15日，赵然因病逝世。中共房涞涿联合县委随后召开了有十几个人参加的追悼会，由代理书记陈宏新念悼词，可他念了几句就念不下去了，又由秘书王寓中念，没念几句，他也念不下去了，最后由戈枫念完。后来，中共平西地委副书记李德仲等人从涞水赶来，又召开了一个大型追悼会，各机关团体和众多村民送来了挽联、花圈。

第五节　重要战斗

在建立、保卫、巩固抗日根据地的斗争中，中国共产党领导的八路军和县、区、村各级人民抗日武装一起，同仇敌忾，敢于斗争，不怕牺牲，为夺取抗战的最终胜利做出了重要贡献。

一、萧克转战房涞涿地区

1941年7月1日，日军对平西抗日根据地进行“大扫荡”。中共平西地委分两路转移，一路由李德仲带领地委机关的部分同志，随冀热察挺进军司令部从计鹿翻山走白涧转移，另一路由陆平带领一个警卫班向昌宛转移，还有一部分妇女、儿童和病残人员，由申子谦带领撤离到一个比较安全的隐蔽小山村。李德仲一路人在撤退的当晚就与日军遭遇，经过激烈的战斗，李德仲终于带领众人突破了敌人的第一个包围圈，安全转移。

李德仲一路人在摆脱了日军的追踪后，夜宿在赵各庄南大沟的一个只有三四户人家的小山村——拐子地。凌晨4时，警卫部队发现日军正沿着拒马河奔袭而来，双方很快交上了火。紧急关头，只有翻过对面的高山才能突围，不少干部都很紧张。萧克率先走在前面，神态自若，步履稳健，他的无畏精神很快就感染了其他同志，队伍迅速有序地向山顶攀登。爬到半山腰时，日军的机枪开始在山脚下疯狂扫射，冀热察挺进军后勤部部长张角、中共平西地委总务科科长孙仲印都负了伤。幸好队伍很快就到达了山顶密林处，日军的第二次包围再次落空。

后来，李德仲一路人转移到了房涞涿地区。一天上午约10时，日军突然出现，萧克立即命令警卫部队占领阵地阻击日军。日军用山炮封住了出口，李德仲等人被困在了山沟里。如果不能尽快突围，日军很可能从两侧发起进攻，而且这次负责突围的部队是刚接受改编不久的平西游击三总队，战斗经验较为缺乏，因此不少干部都捏着一把汗。李德仲将这些情况如实地告诉了萧克，萧克思索片刻后，决定将机关干部分成3个组，利用日军山炮阵地排列的空隙冲出去。在警卫部队的拼死掩护下，李德仲等人最终成功冲出了日军的包围圈。

二、东戍片战斗

1940年秋，冀中十分区的一个团部驻在马安村东戍片。部队的战士都很年轻，因此被老百姓称为“小八路”。据当地老百姓讲，部队领导在与其他部队通电话时被日军侦察兵窃听了，导致日军对部队的情况了若指掌。1940年10月1日，日伪军兵分3路向东戍片靠近。一路从八渡村出发，沿十渡村的东山坡，绕道五合村与马安村交界的墓安，占领了东戍片的东山顶，居高临下，对八路军形成压制；一路从西戍片方向出发，向东戍片发起进攻。驻在东戍片的冀中十分区部队来自平原地区，对山区地形不熟悉。前一天晚上，部队本准备爬上东坡的山顶，可爬到半山腰就休息了，没有爬到山顶，因此没有发现山顶上的日伪军。天一亮，战斗打响了，日伪军从山顶展开了猛烈攻击。冀中十分区的部队虽是进行了顽强抵抗，但终因三面受敌，只能沿着山坡向马安村的墓安、南岭、菩萨岭方向撤退。日伪军利用控制了东戌片制高点的优势，对不熟悉山区地形的冀中十分区部队进行了疯狂追击。从墓安到南岭，一直到小东江，沿途都是被打死的八路军战士。这次战斗，冀中十分区部队伤亡了近百人。

三、攻克三角城

百团大战后，冀热察挺进军九团撤回平西地区，冀热察挺进军九团二营奉命攻打霞云岭三角城，剿灭盘踞在山上的伪军中队和一区事变的叛乱分子。

三角城位于房山县霞云岭乡庄户台村村东的山顶上，四周是悬崖绝壁，海拔千余米，整座山峰呈三角形，故称“三角城”。这座山分为东南、西南和西北三峰，只有东南峰南侧的一条崎岖小路能通往山顶，那里地势险要，易守难攻。当时日伪军就是牢牢守住了这条小路的路口，以至于八路军部队很难攻上三角城。

冀热察挺进军九团二营营长经过分析研究，决定采取突袭智取的方法，他挑选善于攀爬悬崖、枪法好、刺杀能力强的战士组成了尖刀排，从山峰另一侧爬上三角城的悬崖进行埋伏隐蔽，然后突然发起袭击。

图 3-4　攻打三角城时尖刀排战士隐蔽的山洞

1940 年 12 月 13 日拂晓前，冀热察挺进军九团二营的战士包围了三角城。机枪手披上羊皮，随羊群上山来到山口处，随即架起两挺机枪，扼守要道，严把关口。尖刀排在排长刘德森的带领下，从通向山顶的小路拐弯处，摸到了三角城的山脚下，隐蔽在贴近路口的岩壁下。约定的进攻时间一到，二营营长一声令下，两挺机枪同时向敌人射击，打得敌人抬不起头。尖刀排的战士迅速向上攀登，随后向山顶发起进攻。三角城战斗仅进行了一个多小时，共毙伤敌人 40 多人，俘虏多人，缴获步枪 100 多支。

打下三角城，为平定一区事变、恢复一区根据地的抗日斗争奠定了基础。

四、凉水泉阻击战

1940 年 10 月下旬的一个早晨，驻南窖的日伪军 100 多人沿着大石河河谷进行“扫荡”。隗合宽立即组织民兵游击队准备在凉水泉附近打个伏击战，以打击敌人的嚣张气焰。

隗合宽先是带领 20 多名民兵在凉水泉的周围埋下了两颗地雷，然后组织民兵把很多石头堆在北面陡峭的山崖上。众人被编为两个小组，一组等敌人进入凉水泉后往山下推石头，另一组埋伏在山崖前准备向敌人射击，拦截敌人的退路。两个小组约定好，地雷一响就开始战斗。

上午 9 时，日伪军向霞云岭地区进发。走了四五十里山路后，日伪军来到了凉水泉，此时又热又渴的日伪军一窝蜂地来到泉边喝水。刚接近凉水泉，只听两声巨响，日伪军当即倒下一片，当场炸死 2 名日军和3名伪军，还有十几名日伪军被炸伤。就在此时，无数块石头从山崖上倾泻而下，直向日伪军砸来。日伪军刚被地雷吓得惊魂未定，又见大量石头从山上滚落，顿时乱作一团，一个个抱头鼠窜。有2名伪军被当场砸死，不少日伪军被砸伤。

日伪军借着山沟里的石头做掩护，边跑边躲。不久，见山上不再有落石，日伪军赶忙向山下跑去。可没跑多久，山上的枪声就响了，子弹像雨点般射来。日伪军不敢再贸然撤退，只得分散地躲在山沟里的石头后面。战斗一直持续到了黄昏，日伪军才抬着十几具尸体狼狈地逃走了。

这次战斗击毙日军5人、伪军6人，重伤、轻伤日伪军多人，缴获步枪3支、子弹10发、手榴弹6枚。这次战斗后，日伪军很长一段时间不敢到霞云岭地区“扫荡”。

五、拔掉南窖据点

1943年8月，南窖据点的日军调集了200多伪军，准备报复上石堡的民兵游击队。隗合宽得到情报后，决定偷袭敌人的南窖据点。隗合宽找当地人打听后得知，南窖据点的敌人每天都要出来到山泉沟打水，于是他带着神枪手郑全巨潜伏在山泉沟附近的草丛中进行侦察，摸清了敌人打水的规律。第二天，隗合宽安排两个民兵监视据点，自己则带着9个民兵潜伏在草丛中。没多久，两个日本兵准时来到山泉沟打水。隗合宽一声令下，几声枪响，两个日本兵应声倒地，中弹身亡。大约过了半个小时，留守据点的3个日本兵察觉到异常，一人继续留守，其余两人来到山泉沟查看情况。当到达山泉沟后，两个敌人发现了地上的两具尸体和两支步枪，他们正要上前将步枪取走，隗合宽再次发出命令，几声清脆的枪声，两个日本兵被当场击毙。此时在据点留守的日本兵从垛口不断向山泉沟方向张望，郑全巨举枪就射，日本兵应声倒下。监视据点的民兵随即冲进炮楼，收集了里面的武器弹药，最后将据点烧毁。这次战斗缴获步枪 5 支、子弹 400 余发。

六、蒲洼民兵击毙伪军小队长

1943 年的一天，日伪军从南窖出发，准备对平西抗日根据地进行“扫荡”。为了侦察敌情，当日伪军行进到东村、芦子水一带时，蒲洼村的民兵队长晋显汉、副队长晋显政带领十几名民兵战士悄悄尾随。他们一路侦察，弄清了日伪军此次的兵力是 300 多人，先头部队已向西开进，大部队驻扎在芦子水村。为了进一步侦察敌情，晋显汉等人决定再离敌人近一些。不料在芦子水村附近的山神庙被日伪军的哨兵发现，随后敌人一个班的兵力向他们扑来。晋显汉当机立断，举枪向敌人射击，伪军小队长被当场击毙。敌人见状疯狂还击，并分兵两路向他们包抄过来。在晋显汉的带领下，民兵边打边退，一直撤到了村东坡的大道上，及时占据了有利地形。晋显汉等人之前在路口埋下了地雷，因此他们就地做好战斗准备，等着敌人追来。日伪军追赶上来以后并没有贸然上前，而是双方相持了一个多小时，最后敌人竟然退回了村子。后来才知道，原来是有叛徒告密，这才浪费了这次战斗良机。不过此次战斗消灭了一个伪军小队长，击伤日伪军数人，使得日伪军没敢在芦子水村休整就慌忙地向西开拔了。

第四章　建立并巩固抗日根据地

全民族抗战爆发后，中国共产党领导八路军挺进华北敌后，放手发动群众，开展游击战争，并创建了晋察冀抗日根据地，牵制了日军的主要兵力，减轻了正面战场的压力，为赢得全国抗战胜利做出了重要贡献。

第一节　建立各级党组织

以毛泽东同志为主要代表的中国共产党人高瞻远瞩，根据抗日战争的实际情况及国内外的形势变化，准确把握中国的基本国情，将马克思主义基本原理与中国具体实际相结合，在独立自主领导抗战的基础上，提出了军政工作的三大原则、为人民服务的根本宗旨、党的三大工作作风，坚持党的领导，加强党的建设，成为敌后抗战的坚强领导核心。

一、建立中共县（工）委和县政府

1938 年 2 月，邓华奉晋察冀军区命令，率三团（后改为六支队）由涞源向平西挺进，并于 3 月中旬到达平西。根据晋察冀边区行政委员会的指示，邓华组织成立了中共房涞涿联合县工作委员会和县政府，杨春甫任书记，刘慎之任县长，下辖涞水县七区（板城区）、涿县六区（三坡区）、房山县五区（南窖区）和房山县八区靠近三坡区的芦子水、东村等几个村庄。1938 年 5 月，邓华支队和宋时轮支队合编为第四纵队。6 月，第四纵队挺进冀东，中共房涞涿联合县工委书记和县政府的工作人员也随军挺进冀东。

1938 年 4 月底，晋察冀军区第五支队回平西接防。第五支队到达平西后，根据晋察冀分局和晋察冀边区行政委员会的指示，从部队中抽调得力干部到地方建立健全县级抗日政权，改造地方武装。1938 年 5 月初，第五支队派杜伯华、郭方、贾嵩明、尚英等 4 人到房山县五区抗日根据地筹备建立房良联合县。5 月 5 日，房良联合县抗日救国会在长操村成立，郭强任书记。5 月 8 日，房良联合县抗日民主政府在长操村成立，杜伯华任县长。房良联合县委、县政府先后驻长操、下石堡、堂上、马安、穆家口、十渡等村。

1940 年秋，日军对平西抗日根据地进行了残酷的“大扫荡”，房良联合县和涞涿联合县的抗日根据地面积都有所减小。为了适应抗日斗争形势的需要，根据冀热察区党委和中共平西地委的指示，1941 年 6 月，房良、涞涿两县合并为房涞涿联合县，下辖 9 个区，并组建了房涞涿联合县委、县政府，杨流萤任书记，王天瑞任县长，分别驻在涞水县宋各庄村和悟空寺村。1941 年 8 月，日军对房涞涿抗日根据地进行了为期 3 个月的“大扫荡”，抗日根据地大部被敌人侵占，仅剩下一区、二区和九区的几十个村庄。房涞涿联合县委、县政府被迫转移到二区，分别驻在石门村和平峪村。十渡地区当时不仅是房涞涿抗日根据地的一部分，还是冀中十分区的战略后方。

1942 年 12 月，撤销昌宛联合县，成立昌宛房联合县，杜存训任书记，张获任县长。1944 年 4 月，房涞涿联合县的八区、九区划归昌宛房联合县。

1944 年 10 月，中共十一地委和十一专署决定，撤销房涞涿联合县和昌宛房联合县，之后分别成立了房山县、涿县和宛平县。徐元甫任中共房山县委书记，谭惠民任房山县县长，房山县委、县政府分别驻在十渡村和六渡村，辖区包括原房涞涿联合县二区（十渡、六渡一带）、原房涞涿联合县七区（南白岱、镇江营、半壁店一带）、原昌宛房联合县八区（圣水峪、天开、黄山店一带）、原昌宛房联合县九区（霞云岭、下石堡、南窖一带）。1945 年 3 月，房山县委、县政府迁到霞云岭村。

二、建立中共区委和区政府

1938 年 2 月，包森随邓华支队挺进平西。房涞涿联合县建立后，包森带领一个小连队到房山五区的大安山了解情况。在与姜时喆、王友梧等进步青年商议后，众人决定废除日本的维持会，在南窖建立抗日救国会，王友梧任主任。后来又成立了区政府，罗化之任区长。这是房山地区建立的第一个区级抗日政权。

房良联合县初建时辖 3 个区，其中房山县五区是巩固区，房山县四区、九区是联防区。1938 年 11 月，房良联合县九区被收复。1939 年春，房良联合县重新划分了区域，全县划为 5 个区。1939 年秋，房良联合县扩大到 7 个区。

房良联合县一区辖蒲洼、堂上一带，区政府驻在堂上村。1938 年 12 月，中共房良联合县一区委员会成立。第一任区委书记是王英武（1939 年 1 月至 1939 年 6 月），第二任区委书记是王林璞（1939 年 6 月至 1940 年 12 月），第三任区委书记是晋耀臣（1940 年 12 月至 1941 年 6 月）。1938 年 12 月，房良联合县一区区政府成立。第一任区长是安济云（1938 年 12 月至 1939 年 3 月），第二任区长是罗化之（1939 年 3 月至 1939 年 3 月），第三任区长是崔一春（1939 年 4 月至 1940 年 6 月），第四任区长是王英武（1940 年 6 月至 1940 年 11 月），第五任区长是史学恭（1940 年 11 月至 1941 年 6 月）。

房良联合县二区辖十渡、六渡一带，区政府驻在十渡等村。1939 年 6 月，中共房良联合县二区委员会成立。第一任区委书记是傅兴远（1939 年 6 月至 1939 年 12 月），第二任区委书记是景松年（1939 年 12 月至 1941 年 6 月）。1939 年 3 月，房良联合县二区区政府成立。第一任区长是安济云（1939 年 3 月至 1940 年 1 月），第二任区长是史学恭（1940 年 1 月至 1940 年 6 月），第三任区长是杨树堂（1940 年 6 月至 1941 年 5 月）。

房良联合县六区辖霞云岭、北直河一带，区政府驻在霞云岭村。1939 年 6 月，房良联合县六区区政府成立。第一任区长是陈文泰（1939 年 6 月至 1939 年 10 月），第二任区长是罗子衡（1939 年 10 月至1939年12月），第三任区长是郝一鸣（1939年12月至1940年6月）。1939年10月，中共房良联合县委组建了中共房良联合县六区委员会，云石任区委书记（1939年10月至1940年6月）。1940年6月，房良联合县六区并入房良联合县一区。

1941年6月，房涞涿联合县抗日民主政权建立，辖9个区。一区，龙安、虎过庄（今涞水县）一带；二区，十渡、六渡一带；三区，娄村、石亭（今涞水县）一带；四区，马踏营、横岐（今涿州市）一带；五区，韩村（今涿州市）一带；六区，洛平（今涞水县）一带；七区，南白岱、南尚乐、半壁店一带；八区，圣水峪、天开一带；九区，霞云岭、蒲洼一带。

1941年6月，中共房涞涿联合县二区委员会成立。第一任区委书记是刘德湘（1941年6月至1944年6月），副书记是王寓中（1944年6月至1944年10月）。房涞涿联合县二区区政府的第一任区长是王健（1941年6月至1941年11月），第二任区长是杨树清（1941年11月至1944年10月）。

1941年6月，中共房涞涿联合县九区委员会成立。第一任区委书记是晋耀臣（1941年6月至1943年3月），第二任区委书记是芮敏（1943年3月至1944年3月）。房涞涿联合县九区区政府的第一任区长是刘天利（1941年6月至1942年10月），第二任区长是陈林（1942年10月至1943年2月），第三任区长是宿光明（1943年2月至1943年9月），第四任区长是韩晓瑞（1943年9月至1944年10月）。

1944年4月，房涞涿联合县的八区、九区划归昌宛房联合县。

芮敏任中共昌宛房联合县九区委员会书记（1944 年 4 月至 1944 年 10 月），韩晓瑞任区长（1944 年 4 月至 1944 年 10 月）。

1944 年 10 月，房山县建立。

房山县一区辖蒲洼、霞云岭、下石堡、南窖一带。1944 年 10 月，中共房山县一区委员会成立。第一任区委书记是芮敏（1944 年 10 月至 1944 年 12 月），第二任区委书记是王寓中（1944 年 12 月至 1945 年 7 月），第三任区委书记是刘天德（1945 年 7 月至 1945 年 8 月）。房山县一区的第一任区长是韩晓瑞（1944 年 10 月至 1945 年 8 月）。

房山县二区辖十渡、六渡、张坊一带。1944 年 10 月，中共房山县二区委员会成立。第一任区委书记是王寓中（1944 年 10 月至 1944 年 12 月），第二任区委书记是刘占臣（1944 年 12 月至 1945 年 8 月）。房山县二区的第一任区长是杨树清（1944 年 10 月至 1945 年 5 月），第二任区长是宋广宽（1945 年 5 月至 1945 年 6 月），第三任区长是张雷（1945 年 6 月至 1945 年 8 月）。

三、建立村党组织

上石堡村的进步青年于进琛经常到房良联合县政府所在地长操村开会，后经赵然介绍加入了中国共产党。后来，赵然和于进琛在上石堡村先后介绍王兴云、李福贵、解景琛、郑修贤、王水、解景河等人加入了中国共产党。经中共房良联合县委批准，1938 年 6 月，上石堡村成立了党支部，于进琛任支部书记，解景河、王水任支部委员。党支部成立后，于进琛等人带领群众开展反资敌、夺权、减租减息等活动，成立粮食借贷所救济穷人，还积极向上级党组织报告敌情。1940年底，由于特务和汉奸的告密，于进琛、李福贵、王兴云、解景琛等人在南窖村西被敌人杀害，党支部工作停滞。1941年3月，房良联合县九区组织委员王荣善到上石堡村恢复了党支部。

村党组织是领导农村抗日斗争的重要力量，因此中共房良联合县委十分重视做好村党组织的发展工作。1938年初，房良联合县抗日救国会郭强分部在东村、蒲洼一带发展了第一批党员，有隗甫森、李甫奎、隗有忠、晋国禄、晋显汉、隗有生、史凤婷等人。1938年秋，赵然在去冀热察党校学习的过程中，在十渡、马安等村分别建立了党组织。马安村发展的第一批党员有刘显臣、刘德香、刘显彬、刘显耀、刘德军等，十渡村发展的第一批党员有隗福举、杨瑞秀、赵林等，西太平村发展的第一批党员有刘占忠、毛志田，卧龙村发展的第一批党员有刘志福、董文安。1938年，八渡村的隗甫勤、隗有中、李凤贵等人，以及六合村的穆凤富纷纷加入党组织。同年，葛春风在九渡村发展隗合林加入党组织。1939年3月，蒲洼村正式建立党支部，晋国禄任支部书记，晋显汉任宣传委员，隗有生任组织委员。

各村党支部成立后，村里的抗日工作迅速发动起来。在村党支部的带领下，各村的抗日工作开展得红红火火。

四、做好党组织发展工作

中共房良联合县委高度重视基层党组织的发展壮大，积极做好党员、党组织的发展工作。特别是随着冀热察挺进军征兵工作的开展，广大农村一批又一批的党员或是参军，或是参加地方武装。房良联合县政府积极在各村发展党员，加强党组织建设。1940 年 1 月，房良联合县 70 户以上的村大都建立了党支部，共有党支部 13 个，共产党员 228 人。

1940 年初，中共房良联合县委根据中共平西地委的指示，在张坊附近的大峪沟办起了党员训练班。参加训练班的有巩固区和游击区的党员及主动要求入党的积极分子共 180 多人，中共房良联合县委书记赵然担任教务主任，宣传部部长刘海丰担任训练班主任，他们白天外出宣传抗日，晚上集中讲党课。参加训练班的入党积极分子在训练班结束时都成了正式党员。

由于各级党组织，尤其是各级领导机关对于巩固党组织的重要性认识不够，缺乏工作经验，表现在党组织建设上：一是党员重新登记和支部整理不深入，分区、分期、分类管理规定得不明确，执行得不严格；二是没有系统地分期、分类、分级做好干部的审查鉴定工作，工作零乱，无计划，重形式；三是没有严格按照制度开展党员清洗工作；四是各地在执行巩固党组织工作时，将重心放在了发展党组织方面；五是出现了形式主义、锦标主义，工作不够深入，潜伏的许多弱点与危机未能及时发现与克服。这些情况是抗日根据地发展，特别是抗日根据地党建进程中不容忽视的问题，也是 1940 年平西抗日根据地出现一系列变故不可忽视的组织原因。

五、恢复一区村党组织和村政权

历史上，霞云岭地区比较封闭，且民风彪悍。1938 年 8 月，霞云岭地区发生的王家台惨案；1939 年，日军发动的春季“扫荡”；

1940 年，日军发动的春季、秋季“扫荡”及日伪汉奸的活动；1940 年夏，房良联合县流行的伤寒病，这些使得在房良联合县一区的部分群众中出现了恐慌、悲观、动摇的情绪，一区事变更加重了一区群众的恐慌情绪，抗日工作陷入低潮。建立并巩固一区抗日根据地对于巩固房良抗日根据地，乃至平西抗日根据地都有着重要意义。中共房良联合县委副书记、组织部部长赵然和中共房良联合县一区区委书记晋耀臣等人深入一区，打击叛徒和敌特分子，逐村逐户开展宣传、发动工作，恢复村党组织、抗日政权和群众抗日组织。

晋耀臣以蒲洼等西八村为基地，先后在堂上、龙门台、霞云岭、下石堡等村恢复党组织和村政权，整顿武装力量，从区到各村普遍建立以党员为骨干的游击小组。晋耀臣还以芦子水、蒲洼、东村的青壮年党员为基础，组建了一支 120 多人的复仇大队，任显本任指导员。晋耀臣亲自领导上石堡、下石堡、霞云岭等村的游击小组，在各村进行警戒、锄奸和消灭叛匪的工作。同时从芦子水村开始，向东逐村整顿党组织，重新审查和发展党员，在各村重新建党建政。经过艰苦卓绝的斗争，霞云岭、龙门台一带由敌占区又重新变为巩固的抗日根据地。房良联合县一区的农救会、青救会、妇救会相继重建，抗日政权的威力再次显现。在一区的一些村庄还组织起了剧团和文艺宣传队，抗日宣传活动非常活跃。

上石堡村党支部的 4 名党员牺牲后，党支部遭到了严重破坏。可其余的 5 位党员没有被吓到，郑修贤几次尝试与上级党组织取得联系，可惜均未能成功。1941 年初，赵然、晋耀臣来到上石堡村，郑修贤将上石堡村党支部书记、村长于进琛和李福贵、王兴云、解景琛等4名党员被捕的经过，以及自己如何逃脱的，敌我双方人员名单等全部汇报给了区、县干部。中共房良联合县委对此非常重视，立即派房良联合县一区组织委员王荣善到上石堡村开展工作，重新建立党支部，解景河任书记，王水任副书记，郑修贤任抗联主任。重建后的上石堡村党支部陆续发展了隗合宽、隗合常、于进水、郑全巨等5名青年积极分子加入党组织。

在中共房良联合县委、中共房良联合县一区区委的领导下，新组建的上石堡村党支部大力发动群众开展反资敌斗争，解救被日伪抓捕的村民，并根据群众意愿，改选了村抗日民主政权。

中共房良联合县委吸取一区事变的教训，以堂上村党支部叛变、上石堡村党支部坚持斗争作为两个典型，在杨流莹、赵然的主持下，举办了党支部书记和党员学习班，教育党员坚持革命，坚持斗争，过好生死关，并对照党支部和党员中存在的问题，认真开展了批评和自我批评。在整顿党的作风的过程中，在全面总结党组织工作的基础上，针对抗日根据地、游击区、敌占区的不同情况，确定不同的整党、建党方针和任务，坚持对党员进行政治思想教育。在抗日根据地主要检查贯彻党的方针、政策，解决落后地区的问题；在游击区主要从对敌斗争尖锐的地区着手检查工作；在敌占区认真审查、整顿、恢复沟线外的党组织，配合进行锄奸反特及统一战线等工作。

中共房良联合县委遵照中共平西地委关于在1941年上半年发展党员一倍至一倍半的指示，分别在芦子水、富合、森水，北车营、南尚乐等边远山村和游击区建立党组织并发展党员。

六、开展党的巩固工作

根据平峪会议的决定，1941 年 6 月至 12 月，是平西地区各级党组织从组织上巩固党的时期。

在开展巩固工作的过程中，县委要派人到区委会上讨论布置相关工作，并决定首先整理哪些党支部。县委协助区委先整理几个党支部作为榜样，帮助区委熟悉整理党支部的相关工作。区委出席支委会，先对党支部做一般的了解，由支委报告党支部的环境、发展历史、党员成分、人数、工作情况等。经过了解与分析后，区委总结出这一党支部的特点，确定整理方针。在支部大会上，首先分析说明审查鉴定的意义，然后进行个别谈话，了解每个党员的成分、历史、入党动机、对党的认识、工作情况等，并通过群众及其他党员了解每个党员干部及党支部在村中的威信与工作情况。在没有发动过民主民生斗争的地方发动斗争，在斗争中审查鉴定党员。

鉴定方式一般采取党支部大会鉴定，偶尔会有小组鉴定。在支部大会上，首先由本人做自我介绍，然后由支部党员进行鉴定，鉴定结果经支委会讨论后，在支部大会上宣布，最后根据审查鉴定的结果填写审查鉴定表。

处分与洗刷党员时，一般由支部讨论，区委提意见，县委批准。支部党员审查鉴定后随即改选支委会，之后开始对各村政权与群众团体组织进行整理。

同时，对党员干部进行审查鉴定。首先是支部大会动员，说明审查鉴定的意义，然后是党员干部填表写自传，接着是与党员干部谈话，加深了解，接下来是召开小组会做自我介绍，进行互相鉴定，最后是支委会讨论，讨论结果交支部大会讨论，支部大会的讨论结果交上级党委做最后决定。

整理支部与审查党员由区委负主要责任。区委出席支委会或小组长联席会，研究在工作中遇到的具体情况。区委或支委参加各小组的党员互相鉴定并做自我介绍，同时征求其他支委的意见。区委与个别党员谈话，了解其成分、历史、社会关系及对支部、对工作、对其他同志有何意见，并通过与群众谈话来考查支部党员的工作。根据支部环境及是否存在斗争条件，适当布置在斗争中整理支部、审查党员。经过以上工作，再召开支委会或支部大会做最后的鉴定，鉴定结果报上级党组织批准。当发现坏分子时，由区委讨论，并将相关意见交县委处理。

整理每个支部的材料时县委应负责审查，并决定是否再整理。若县委认为整理得不彻底，则要进行再整理；若支部问题难以解决，县委还须派专人考查。支部党员鉴定审查后，接着就要改选支委，并建立健全支部的各种制度。

为期 5 个月的巩固党的工作是有收获的，特别是增强了各级党组织克服工作困难的主观力量，同时强调必须认清当前的形势，特别是做好对今后更残酷局面的应对，继续为提高党的战斗力而努力。

七、加强党的纪律制度建设

1941 年初，房良联合县二区认真贯彻中共房良联合县委的指示，吸取一区事变的教训，加强了党组织的整顿和党员的思想教育，分别举办了党支部书记和党员学习班，认真开展批评和自我批评，要求党员过好生死关，克服怕苦、怕死的思想，并于 1941 年上半年在各村开展了进一步发展党员的工作。1942 年初，二区以支部为单位进行了整顿党的作风的学习。学习后，各支部进行了选举和评比。

此次整顿党组织严格了入党手续，保证了党员质量。

首先，严格了组织手续。入党申请人申请入党时，先由介绍人报告党小组，党小组会议讨论通过后，由介绍人填写党员介绍表，经支委会或支部大会通过，再报区委批准，然后再由申请人填写入党志愿书，之后由支委决定候补期，最后经区委或县委批准，才算正式入党。工人、雇农要经一位正式党员介绍，无候补期；贫农、小手工业者要经一位正式党员介绍，候补期为 1 个月；小资产阶级、知识分子、中农、下级职员、官兵要经两位正式党员介绍，候补期为 3 个月，并须经县委批准。申请人在一定期间内出现政治问题，介绍人要受到纪律制裁，甚至开除党籍。申请人在批准入党后，举行入党仪式。入党仪式上，先由介绍人报告申请人的入党动机，经党小组会议或支部大会通过后，进行宣誓，最后由党小组组长或支部书记予以指示，编入党小组。

其次，确定了入党誓词。“我宣誓：一、终身为共产主义事业奋斗；二、党的利益高于一切；三、遵守党的纪律；四、不怕困难，永远为党工作；五、做群众模范；六、保守党的秘密；七、对党有信心；八、百折不挠，永不叛党。谨誓。”

再次，入党仪式。一般在支部大会上进行，也可在党小组会上举行。在党小组会上举行时，支部书记或组织委员应参加。

最后，候补党员转正的手续一般要经过党小组、支委会、支部大会通过，最终报区委批准，批准后才算正式党员，然后在支部大会或党小组会上宣布。支部大会或党小组会指出新党员的优缺点和努力方向，以教育全支部的其他同志，提高支部其他同志对党的认识。开除党员或处罚党员时，应由党小组会、支部大会通过，区委审查，县委批准。

1941 年 11 月初，中共平西地委扩大会议在计鹿召开。会议的主要内容是从组织上、思想上、政治上巩固党，对平峪会议后的整党审干等一系列工作做出结论。第一，对 1941 年 6 月开始的从组织上巩固党的工作进行了全面回顾，包括支部的整理与干部、党员的审查鉴定工作；第二，提出要继续从组织上、思想上、政治上巩固党，并明确具体做法；第三，阐述了党的领导，重点明确了党对政策及各项工作的领导；第四，加强纪律建设，建立概算制度；第五，严格主力部队和游击队的纪律，教育干部要认真爱护群众、关心群众，坚决开展反官僚主义。

八、平峪会议

为进一步贯彻中共平西地委的指示精神，1942 年 3 月，中共房涞涿联合县委在平峪村召开了县、区干部扩大会议，参加会议的有 30 余人，会议进行了两天。面对严峻的抗战形势，一部分干部对抗日前途失去了信心，广大群众人心惶惶，特别是一些领导干部不敢到敌占区和游击区开展工作。会上，中共房涞涿联合县委的主要领导做了深入细致的思想发动工作，具体研究了如何巩固山区抗日根据地、如何在平原地区的日伪占领区开展工作等问题，还根据毛泽东《论持久战》的观点，结合平西抗日根据地的斗争实际，反复讲解内线和外线的关系、包围和反包围的关系等问题。平峪会议的时间虽短，但对于稳定干部和群众情绪，增强抗日信心，特别是指导抗日根据地的军民制定有针对性的斗争策略，从而更好地开展对敌斗争，具有重要的作用和影响。会上，中共房涞涿联合县委决定组建敌工委员会，从县、区干部中抽调坚强勇敢、机智灵活的干部10余名，到日伪占领区去开展工作，力争在短期内打开局面，变被动为主动。

九、开展整风运动

1942年6月8日，中共中央宣传部发出了《关于在全党进行整顿三风学习运动的指示》，从延安开始的整风运动在全国各抗日根据地轰轰烈烈地全面展开。整风运动是针对当时党在自身建设方面存在的一些问题，如学风方面的主观主义、党风方面的宗派主义、文风方面的党八股倾向等展开的。

昌宛房联合县在整风运动中首先进行了试点，中共昌宛房联合县委组织召开了由几个区干部参加的整风会议，在取得经验后，开始指导全县的整风运动，包括精读文件、片断反省、全面反省和思想大检查等几个阶段，坦白运动穿插进行。1942年7月1日，中共昌宛房联合县委召开县、区两级干部大会。会上，县委领导以身作则，针对自身存在的不正确的思想作风进行了深刻检查。在县领导的带动下，与会干部纷纷上台进行坦白，全县党组织的整风运动由此进入高潮。中共昌宛房联合县委将普遍号召与深入细致的思想工作相结合，指导党员干部写自传和反省笔记，有些干部坦白交代了政治动摇、革命到头、不服从调动、闹宗派、不愿脱产、好面子、喜奉承、闹地位、经济手续不清等问题。中共昌宛房联合县委严格遵循“惩前毖后、治病救人”的方针，对于干部中存在的一般缺点错误，只要主动坦白，通过批评和自我批评提高认识后，一律不予追究；对不处理不足以严肃党纪的个别人也进行了洗刷和处理。昌宛房联合县的整风运动对克服干部中存在的主观主义、强迫命令作风，对加强本地干部与外地干部、军队与地方、党的干部与群众的团结起了重要作用。

1943 年 2 月开始，中共房涞涿联合县委接连检查、整顿了 28 个党支部，恢复了王家台党支部，对房涞涿联合县四区（游击区）的党组织也进行了整顿，对违纪的党员进行了组织处理，开除一人，严重警告一人，同时还解决了很多遗留问题。中共房涞涿联合县委还在一区、二区、九区举办了流动的训练班，着重解决党员思想中存在的对抗日悲观失望、丧失立场等问题。各级党组织经过整顿和建设有了较快的发展，党员数量也逐渐增多。

1943 年 7 月，中共房涞涿联合县委召开了组织工作会议，检查了上半年整党、建党的工作情况，决定将下半年整党的重点放在蒲洼、六渡、东村等几个山村党支部。在党支部建设方面，会议确定了要以团结群众、贯彻党的政策、领导生产的好坏为标准，并且每半年进行一次选举。

整风运动使广大共产党员受到了一次系统的、深刻的马列主义教育，进一步肃清了党内错误思想路线的影响，提高了党员明辨是非、抵制错误的能力；一些党员真正从思想上入了党，懂得了如何做一名合格的共产党员，坚定了抗日战争必胜和为实现党的最终目标而奋斗的信心；有力地改善和加强了党的领导，增强了革命队伍的内部团结；主观主义、宗派主义、党八股得到了有效克服，保证了党的各项路线、方针、政策的贯彻执行；纯洁了党的组织，挽救了一批党的干部。

十、加强党的一元化领导

由于抗日根据地被敌人分割，回旋的余地缩小，上下级联系出现困难，地区间的配合作战受到很大限制，加强党对抗日根据地的统一领导成为必然。1942 年 9 月 1 日，中共中央政治局发出《关于统一抗日根据地党的领导及调整各组织间关系的决定》，针对由于日军的“扫荡”和封锁给抗日根据地造成的困难，以及一些地区党、政、军、民之间存在的不和谐现象，决定在各抗日根据地实行党的一元化领导。11 月 2 日，北岳区党委发出《关于党的领导一元化的决定》。11 月 3 日，北岳区党委发出《关于北岳区群众团体领导一元化的决定》。与此同时，晋察冀分局和北岳区党委对中共北岳区第十一区委（原中共平西地委）的领导班子进行了调整，刘道生任书记，李德仲任副书记。11 月 2 日和 3 日，中共北岳区第十一区委和北岳区抗联分别做出决定，地、县两级的群众团体，除武装委员会外，均合并为抗日救国联合会。十一军分区抗联在中共北岳区第十一区委和北岳区抗联的领导下，动员工、农、青、妇各方面的力量，围绕党的中心任务开展工作。1942 年 12 月，房涞涿联合县将工人救国会、农民救国会、青年救国会、妇女救国会合并，成立房涞涿联合县抗日救国联合会，下设组织部、宣传部、农民部、工人部、青年部、妇女部等。

通过实行党的一元化领导，全面加强和改善了党对一切抗战工作的统一领导，为以革命的“总力战”粉碎日军的“总力战”，渡过难关，巩固恢复和发展平西抗日根据地，准备开展反攻，提供了坚强的组织领导保证。党的一元化领导是抗日根据地党的建设进入新阶段的重要特征，是加强对日军实行“总力战”的有力武器，一切政权、武装、群众组织都要服从战争是统一领导的最高原则。各级党政军干部一方面在思想上、工作作风上要积极克服主观主义和宗派主义的遗毒，防止党的一元化领导变成形式主义的空谈，另一方面还要反对老一套，创造新的领导作风，健全会议制度，坚决实行民主集中制的领导，防止一元化领导后出现党政军民不分、包办代替、削弱各个系统单独作战的能力等不良倾向。

第二节　抗日民主政权建设

政权建设是抗日根据地建设的首要问题和根本问题。抗日战争期间，中国共产党始终把政权建设放在首位，以人民利益为先，建立“三三制”政权，在抗日根据地内建立了新民主主义性质的抗日民主政权。

一、建立区、村抗日民主政权

革命的中心问题是政权问题，抗日民主政权是抗日民族统一战线政权，坚持“三三制”原则。抗日民主政权是抗日斗争的武器，是保卫抗日根据地、镇压汉奸、反抗日本侵略者、动员一切人力物力财力坚持抗战的武器，是阶级斗争的武器，是改善民主、实行民主、镇压反动封建势力的武器。

1939 年 5 月，中共平西地委和房良联合县加强了区、村抗日政权建设。1939 年 6 月，县长联席会议召开，会上提出了县、区、村政权建设的要求，并布置了工作任务，房良联合县的区、村抗日政权建设走向正规化。

区、村抗日民主政权在贯彻党的方针政策，组织抗日根据地群众发展生产，实行减租减息、合理负担，改善群众生活，保护群众利益，进行政治、军事、文化教育，动员广大人民群众支援抗日游击战争，镇压敌特、汉奸活动，维护社会秩序，保护人民生命财产安全等方面发挥了重要作用。

二、民主选举村、区干部

1940 年 6 月初，根据中共中央关于抗日根据地政权建设的指示，中共晋察冀边区委做出《关于进一步在边区实现新民主主义政治和促进全国实施真正民主宪政的决定》，边区行政委员会公布了《晋察冀边区暂行选举条例》《晋察冀边区县区村暂行组织条例》等有关民主建政的具体法令，决定在全边区开展民主选举运动，民主选举村干部，自上而下选举区代表和区长、县议会和县长、边区参议会和边区政府主任委员。

1940 年，涞涿联合县的部分村落实行了自下而上平等的秘密选举，初步实现了村政权组织机构的改革，建立了村落民意机关——村代表会。在村公所以下建立民、财、教、生产、调解等委员会，分别处理各项日常工作。在政体上，村代表会与村公所均采取民主集中制，基本上消灭了地主阶级的封建统治。

抗日根据地边区的《选举法》规定：区设区民大会，区公所设区长 1 人，助理员 2 至 4 人，均由区民大会选举产生。在民选实行前，区长由县长委任，区助理员由区长遴选。区公所的分工，原则上与县政府相同。《选举法》还规定：现役军人或警察、现任政职者、有不良嗜好者、有汉奸嫌疑者不得为村长候选人，不得当选区长。《选举法》同时明确了区长的 25 项职权，包括户籍调查及人事登记事项、汉奸侦缉与拘禁事项、组织通信网络传递消息事项、保卫事项、粮食储备及调节事项、县政府委办事项等。

三、民主选举县议长、县长

边区行政委员会公布的《晋察冀边区暂行选举条例》《晋察冀边区县区村暂行组织条例》等有关法令明确了县参议会的职能和作用。县议会的议员由各选区公民直接选举，任期两年。县议会每半年召开一次常委会，平时可召开临时会议。

1940 年 6 月，房良联合县政府在南白岱村进行了民主选举，选举产生了房良联合县县议会议长和副议长。经过选举，赵然当选为议长，并第一个在房山、良乡地区公开了共产党员身份，周硕臣当选为副议长，千河口村的开明人士李泽当选为县议员。之后，经县议会推荐，周硕臣当选为晋察冀边区参议会议员。

县议会的成立对落实好党的统一战线，号召和团结广大人民群众及各阶层人士积极投身抗日起到了积极作用。

四、建立健全群众抗日组织

1940 年 4 月 20 日，晋察冀边区召开了第一次人民武装抗日自卫队代表大会。会上建立了边区人民武装抗日自卫队的最高领导机构，确立了青年抗日先锋队、妇女自卫队等武装与政权的关系。同年，房良联合县成立了人民武装委员会，傅林任房良县基干自卫总队队长，罗宗烈、常守全先后任农民抗日救国会主任，于一夫任青年抗日救国会主任，松伟、李村、白岩先后任妇女抗日救国会主任，常健任抗敌后援会主任。李光武任涞涿联合县青年救国会主任，常城、王文艳先后任妇女救国会主任。

工人抗日救国会的主要任务是做工矿工人、手工作坊工人和农村雇农（长工）的工作，帮助增加工人们的工资，提高工人们的觉悟，动员工人们积极抗日等。

农民抗日救国会的主要任务是动员抗日根据地的广大农民提高觉悟，积极参军参战、支援前线；参加减租减息、合理负担的斗争；组织互助组，参加大生产运动；参加识字班，提高文化水平等。

青年抗日救国会的主要任务是向广大青少年进行抗日救国宣传，动员青少年参军参战，组织青年抗日先锋队、模范自卫队、儿童团等青年抗日组织。

妇女抗日救国会的主要任务是向广大妇女进行抗日救国宣传，提高妇女觉悟，帮助妇女从封建牢笼中解放出来，剪发放足，参加社会活动；积极支持抗日，送子、送郎参军参战；制作军鞋、军袜、军装等军用物资，慰问伤病员；积极参加生产，参加文化学习等。

五、精兵简政

1941年11月18日，冀热察挺进军司令员萧克、冀热察区党委书记马辉之联名给中共中央北方分局、中共中央北方局、中共中央发报，分析了冀热察地区近期的状况，并提出了今后的工作意见。他们还对平西地区存在的困难进行了分析，重点强调了平西后方机关太多、老百姓负担过重的问题。

1941年，平西地区的旱灾、雹灾很严重，尤其是产粮区，基本没有什么收成。平西的军政干部全年所需公粮为2000石小米，但只能征收到1200石，这就需要部队和抗日民主政权额外向老百姓征粮。虽然把冀中十分区和蔚县划归平西地区，本想缓解一些粮食压力，但都没有达到预期的效果。

平西的部队及各机关虽已紧缩到可以说比北岳地区任何分区都要少，各部门均残缺不全，但各机关加起来，总人数仍比任何分区机关都要多。再加上日军的分割封锁政策，如不裁撤，不要说粮食与住所的问题，在日军经常偷袭的情况下，掩护与转移都非常困难。为了解决平西地区的供需矛盾，平西抗日根据地一面缩减脱产人数，一面开辟新地区。

萧克、马辉之向中共中央建议：把军级指挥机关与军区合并，平西只成立一个小的分区指挥机关，地委总队部撤销，统一在分区司令部指挥，冀中十分区归还冀中区。报告很快得到了中共中央的批示，平西抗日根据地的困难得到了中共中央、晋察冀军区的高度重视，中共中央很快明确了相关的精兵简政方案。

1942年2月4日，根据中共中央指示，晋察冀分局和晋察冀军区决定撤销冀热察区党委及冀热察挺进军领导机构，原冀热察挺进军司令员萧克任晋察冀军区副司令员，将平西、平北、冀东分别改为第十一、第十二、第十三军分区，并设地委，地委直接由晋察冀分局和晋察冀军区领导。1942年2月，中共平西地委改为中共北岳区第十一区委员会，刘道生任书记，辖房涞涿、昌宛、涞水、蔚县等4个县委和中共昌宛联合县工委。平西专署称晋察冀边区第六区行政督察专员公署。成立北岳军区第十一军分区，司令员为黄寿发，政委为萧文玖，辖第七团、第九团、第三总队（后改为十二区队）、特务营。各县建立了县大队，各区有区游击队，各村也组建了多种武装组织，形成了正规军与地方军相结合、游击队与民兵相结合的抗日武装力量体系。原平西地区的工人救国会、农民救国会、青年救国会、妇女救国会改称为北岳区十一分区工人救国会、农民救国会、青年救国会、妇女救国会。12月，按照边区政府精兵简政的原则，将房涞涿联合县的工人救国会、农民救国会、青年救国会、妇女救国会合并，成立了抗日联合会，下设组织部、宣传部、工人部、农民部、青年部、妇女部。

1942年春，房涞涿联合县的大部地区落入敌手，房涞涿抗日根据地只剩下3个区，且经常遭到日伪军侵扰。革命队伍中的不坚定分子有的叛变投敌，有的逃跑，全县能坚持斗争的干部只有四五十人。为了保存革命力量，县委机关转移到了房涞涿联合县二区前石门村的山沟里。

1942年1月，上级党组织对房涞涿联合县的主要干部进行了调整。贾吉平任县委书记，赵然任县委副书记，马志益任县长，并在房涞涿联合县建立起武装部，加强民兵建设。原平西分区老九团来到房涞涿地区后，与当地民兵配合战斗，连续打了几个胜仗，使得日伪军不敢再轻易进入山区根据地，抗日形势日趋稳定。不久，县委机关又转移到十渡村。1942 年底，中共北岳区第十一区委对房涞涿联合县委、县政府的领导班子进行了调整，赵然任县委书记，郝绍尧任县长，在县委的工作机构中增设了民运部。与此同时，中共北岳区第十一区委决定撤销昌宛联合县，建立昌宛房联合县。

六、加强村政权建设

平峪会议后，房涞涿联合县二区认真贯彻落实中共房涞涿联合县委的指示，针对过去村政权大部分掌握在地主与流氓分子手中，党组织在政权中无法起到核心作用，有的村干部在严重困难面前和日伪军的诱骗下丧失立场、叛变投敌等问题，在抗日根据地内开展了村政权的选举工作，对旧政权进行改造。

根据晋察冀边区行政委员会发布的《晋察冀边区县区村暂行组织条例》的规定，村民大会是村政权的最高权力机关，村民大会闭会期间由村民代表会行使其职权，村公所是村政权的执行机关。村长、副村长由村民代表会的主席、副主席兼任，并须报区公所转请县政府委任。

在村政权的选举过程中，党支部和党员认真发动群众，起到了很好的骨干作用，广大人民群众改变了过去对民主参政不感兴趣的状况，积极参加选举活动。在选出的村干部中，贫雇农占很大比重。在选举的过程中，党组织非常注意争取和团结农村中进步的上层分子，让他们为抗日民主政权服务。由于严格按照《晋察冀边区县区村暂行组织条例》的规定开展选举工作，新选出的村政权充分体现了“三三制”精神，成为真正的抗日民主政权。在此期间，党组织还发现和培养了一批积极分子，他们积极投入抗日工作，主动向党组织靠拢，为发展党的组织创造了条件。

七、加强政权“三三制”建设

为了进一步贯彻“三三制”原则和精兵简政政策，晋察冀边区行政委员会做出了《关于整顿各级政权组织的决定》，要求在 1943 年 1 月至 3 月间，集中力量对专区以下各级政权组织进行整顿。此次整顿一般分检查、整理、总结等 3 个阶段，整顿的重点包括“三三制”建政原则的落实、各项政策法令的执行、本级政权的政绩、自身建设的改进等，各地区视实际情况可有所侧重。晋察冀边区政府还分别拟定了村、区检查大纲，并抽调一批干部分赴各专区进行具体指导。

在村政权的选举过程中，房涞涿联合县逐级深入，加强领导，村里民主气氛浓厚，村民畅所欲言，慎重地推选出自己信任的村干部。有的区斗争环境恶劣，就在民兵的掩护下进行选举。除了日伪军控制的村庄和日军控制较严的游击区内的村庄外，各村普遍完成了改选工作。改选后的村政权较好地落实了“三三制”建政原则，各阶层人士更加团结一致，以新的战斗姿态率领村民展开了生产、运销、合作等运动，进一步加强了党的领导。

第三节　抗日根据地进入极端困难时期

日军对抗日根据地实施的“总力战”和“囚笼政策”，以及频繁的军事“扫荡”、严密的经济封锁和5次“治安强化运动”，再加上1942年的严重旱灾，给抗日根据地工作的开展和房良地区军民的抗日斗争造成了极大阻力。

一、抗日根据地面积缩小

从1940年下半年起，日军改变了侵华策略，开始以“蚕食政策”为主，每次对平西抗日根据地进行“扫荡”时都会建立一些据点，以此来分割和缩小平西抗日根据地。1941年，日军采取“总力战”和“囚笼政策”，对平西抗日根据地实行了全面封锁。日军在强化原有线点的同时，增设了新的据点，修筑了新的交通路线，妄图进一步割断平西抗日根据地与北岳区、冀中十分区、平北和冀东地区的联系，之后再对被分割地区实行逐个击破。为了隔断山区抗日根据地与平原地区的联系，从1941年6月开始，日军在占领区内强征大量的人力、物力、财力，分段修筑封锁壕、封锁沟，在平西的东南方向形成了两道交错的封锁线，妄图隔断冀中与平西在政治、经济、军事等方面的联系。平西抗日根据地的规模严重缩小，并不断被分割，有些地区由抗日根据地变成游击区，有些游击区或抗日根据地甚至变为日伪的占领区。如房涞涿抗日根据地由原来的300多个村庄缩小到了20多个村庄，房涞涿联合县三区的张坊一带由游击区变为日伪的占领区。当时的巩固区只有房涞涿联合县二区的十渡一带，斗争最紧张的时候，三区的干部不得不到二区借住，三区的干部有的被捕，有的牺牲，有的思想动摇回了家，坚持抗日的只剩下骨干力量。

日军的“扫荡”和经济封锁严重影响了抗日根据地军民的士气。一是面对日伪军的烧杀抢掠，群众的畏难情绪增加，加上过重的负担及在扩军动员中强迫命令的现象，引起了人民群众的恐慌与不满，汉奸投降分子趁机活动，不仅有部分群众逃亡，而且抗日根据地内的畏敌情绪滋长；二是日军对抗日根据地的经济与生产的破坏，致使广大人民群众的生活异常艰难；三是党内、政权与群众团体中存在官僚主义家长制的作风，出现了脱离群众的现象，使得有些群众想要离开抗日民主政权，同时党内某些干部未能随着形势变化而及时转变或创新工作方式。

二、日军的全面经济封锁

1941 年，日军对抗日根据地实行了全面的经济封锁，抗日根据地的物资供应更加困难，甚至达到了物资匮乏的程度。1942 年，日军在第三次“治安强化运动”的基础上，制订了更为详尽、系统的经济封锁措施。以日伪良乡县为例，日伪军除训令各警察分所编成谍报班，负责搜集八路军情报外，还组成了以伪县长吴隆复为班长的经济封锁督察班。督察班下设 3 个班，伪民政科科长周朝如、伪保安大队副队长高定甫和伪警察所所长吴作揖分任班长。伪良乡县政府还根据日军的《对敌经济封锁要领》拟订出《经济封锁要纲》。此次的经济封锁，日伪良乡、宛平、房山等县联合行动，沿着昌宛房及房涞涿抗日根据地边缘，北从杜家庄、东斋堂、西斋堂、吕家村起，经大安山、长操、南窖，南到周口店、孤山口、下庄、张坊，共计 10 余个据点，联结成了一条半圆形的封锁线。日军将各类物资分成三大类：第一类为兵器、弹药等军用物资，绝对禁止流入抗日根据地；第二类为金属建筑材料，如印刷机和其他各种机械，须经伪县长以上行政长官批准，发放流通许可证方可流通；第三类为纪念品、皮革制品、棉麻制品及生活日用品，严格规定携带数量，只限一人徒手携带，同时还须伪县长以上行政长官的许可。若是携带粮食、牲畜则必须到伪警察所提出申请，经伪良乡县公署批准后，方可进行搬运。除此之外，所有货物的运输还必须在指定的房（山）良（乡）警备路、良（乡）官（道）路、琉（璃河）码（头）路、琉（漓河）涿（县）路、交（道）宛（平）路、窦（店）房（山）路等 6 条道路上通行，否则以偷运罪论处。伪良乡县公署还分别在良乡县的东关、小董、黄管屯、窦店、琉璃河、交道、张谢、南召、肖场等村设立了检查所，防止禁运物资外流。

伪房山县除按禁运规定执行外，还分别在房山、周口店、长沟、张坊设立了检查站，并在各重要公路上设立了流动检查班，每日轮流检查。

日伪军的经济封锁使抗日根据地所需的粮食、布匹、食盐、医药等物资极为缺乏，山外的物资运不进根据地，根据地的土特产也运不到山外。加之 1942 年的大旱，进一步造成了抗日根据地的困难。1942 年秋后，庄稼颗粒无收，老百姓有时只能煮大枣吃，到了冬天就只能煮些梨充饥。1943 年又出现了春荒，抗日根据地更加困难，有的地区把树叶都吃光了。由于长期吃不到粮食和食盐，抗日根据地的军民个个面黄肌瘦、四肢无力，更为雪上加霜的是，当时疟疾大面积流行，许多人都病倒了，不少人最终在病饿中死去。

三、抗日根据地的基本生活物资严重匮乏

平西地区以山区为主，1940 年前后人口仅为 20 万，所产粮食除供给本地居民外，一般还能保证 6000 人的粮食供给，但实际负担的仅八路军及抗日政权方面的人员就达到 1.1 万余人，其余的生活必需品则需要从别的地区运来。

在此情况下，1940 年 8 月 1 日，晋察冀分局和晋察冀军区决定，为解决平西的给养问题，将冀中十分区划归冀热察区党委和冀热察挺进军领导。虽然冀中十分区物产丰富，但该区地处平津两大城市之间，对日军威胁很大，因此从 1939 年开始，日军便对冀中十分区开始了频繁的“扫荡”和“蚕食”。冀中十分区被划归平西领导时，已开始逐步由根据地变为游击区，冀中十分区的 3 个主力团和地区部队中，经常有 1 个团或群众团体的部分机关人员被迫转移到平西抗日根据地东南的拒马河地区进行培训和休整。

日军频繁的军事“扫荡”、严密的经济封锁及 5 次“治安强化运动”，再加上 1941 年的严重旱灾，给平西抗日根据地工作的开展造成极大阻力。1941 年 8 月 13 日，萧克、马辉之、张明远在致电中共中央北方分局时指出：“现每日收的粮只供前线部队都不足，后方机关粮食无法供给。突然又接到帅荣来电，二十七团及分区直属队共 2200 多人将来木井一带，粮食要由八路军负责。原十分区后方尚有

350人，连平西每月需要小米2000石，到秋收还有两个月，整个平西尚须粮食4000石小米。在平西抗日根据地内无法可想了，即使熬到秋收，但以后仍难解决。此问题应如何解决颇值得考虑。”

进入1941年，平西抗日根据地最大的困难是没有粮食和食盐。当地群众只能吃些树叶、野菜，县、区机关没有食堂，干部都到群众家吃“派饭”，也只是喝些野菜粥，根本吃不饱。部队规定，前线战士每天给5两（当时16两为一斤）黑豆作为口粮，还要求每天节约1两支援地方群众。部队的伙食单位不准到村边、河边采摘杨树叶、榆树叶，不得与民争食。晋察冀军区有训令，军分区部队有通知，司务员贪污5斤以上粮食的就要枪毙。

四、自然灾害频发

1938年，平西地区发生大旱，很多地区颗粒无收，瘟疫也随之而来。1939年，河北地区大雨成灾，拒马河两岸的大部分农田被洪水淹没，粮食严重减产。从1939年开始，日军开始对平西地区实行野蛮的“三光政策”，平西抗日根据地的绝大部分物资，特别是粮食被烧光、抢光。1942年春夏，平西地区遭受了空前的旱灾，一连几个月没有下过雨，土地干裂，草木枯萎，这场旱灾一直持续到1943年，进一步加重了抗日根据地的困难。

第四节　建设抗日根据地

抗日战争时期，各抗日根据地通过实行减租减息，调动了各阶层群众的抗日积极性；通过开展大生产运动，壮大了抗日根据地的经济；通过统一和规范财政经济制度，保证了党政军机关的财政供给；通过开展货币斗争和对外贸易，加强了对敌经济斗争，使自身经济实力不断增强，为胜利开展战略反攻，夺取抗日战争的最后胜利奠定了坚实的物质基础。

一、发展抗日根据地经济

1939 年 5 月 5 日，聂荣臻、彭真在《关于平西工作的指示》中对平西地区的财政制度做了明确指示：过去平西各县的收入从无报告，今后各县需建立制度，保管一切收入，并呈报边区政府；统筹统支实行后，部队应停止筹款，纵有正当收入，亦须报告军区供给部，列入预算收入中；平西地区的伪钞、杂钞须立即清除，由边区政府控制流通，吸收法币，以粉碎日军在金融方面对平西抗日根据地财政发起的进攻和破坏。

积极发展农业生产，提高农业生产水平。发展农业生产，多打粮食，是帮助抗日根据地度过困难时期的重要措施，因此区委、区政府号召各村开荒修滩，扩大耕作面积，兴修水利，扩大水浇地面积，提高粮食产量。

推进边区货币发行。1939 年 2 月以前，平西抗日根据地的市面上充斥着伪联合银行、伪蒙疆银行、东三省官银号、冀东银行发行的伪钞。平西专署成立后，开始着手改变这种状况。1939 年 9 月，晋察冀边区银行在平西抗日根据地设立了办事处，之后在各抗日根据地大力推行边区货币，特别是十渡集市建立后，积极支持商户使用边区货币进行结算。由于抗日根据地群众对边区政府信任度的提高及金融政策的正确执行，法币在抗日根据地广泛流通。

改善税收制度。抗战以前，平西地区的老百姓都被苛税重压着，多个税种使民众叫苦连天。抗日民主政府成立后，旧的苛税一律被抗日民主政府明令取消，抗日民主政府的税收只有出口税、进口税、烟酒税等几种。抽税的办法及贸易的原则均是依照下列方法实施：一是对内尊重自由贸易，对外实行贸易统制；二是给在各县贸易局有登记的小贩发放营业证；三是奖励用不必要的输出品换取军需和粮食。田赋征收方面，每亩每年收正税 8 分。

重视矿产开采。平西抗日根据地积极开掘矿山资源，千方百计地增加财政收入，主要矿产有房良联合县的宝如煤矿、东村煤矿、芦子水煤矿、堂上村煤矿，年产均在 200 万斤以上。

推进抗日根据地财政建设。1939 年 3 月以前，平西抗日根据地的财政是不统一的，以派公债、救国捐、富户捐、汉奸罚款为主要财政来源，贪污浪费现象非常严重。公粮的征收次数很多，粮食制度没有建立。1939 年 3 月至 9 月，平西抗日根据地的财政才逐渐走向统一。此时的军费已由军区统支，但因不能及时发放，仍以公债、救国捐、汉奸罚款为主要来源。1939 年冬以后，平西抗日根据地的财政进一步走向统筹统支，并开始整理税收，财政开支以税收为主要来源，大部分地区实行合理负担，按合理负担统一动员征收公粮，粮食制度开始建立。

通过一系列的经济发展措施，在抗日根据地初步建立了规范的经济运行机制，为抗日根据地的经济发展奠定了基础。

二、开展减租减息

民国时期，平西地区的土地所有权高度集中，农村租佃关系成为主要的社会经济关系。土地主要集中在地主、富农手中，很多无地或少地的贫苦农民不得不租种地主或富农的土地，忍受着残酷的封建地租剥削。地主对农民的剥削方式主要是收取地租和放高利贷，地租的形式分为粮食地租、货币地租和一种类似力役租的形式，租额一般占收获量的50%至70%，此外还有各种名目的榨取，如背租、杂租、小租等。另外，还普遍存在小斗出租大斗收租、交租时地主对佃户的种种勒索，以及佃户代地主负担差役、赋税，无偿劳动等情况。与此同时，地租剥削还与封建性高利贷剥削结合在一起，其中押租和预租是地租与高利贷剥削相结合的主要形式。地租的交纳有的是“上打租”和“下打租”，前者为先交租后种地，后者为种地收获后再交租，还有的是“二五租”和“三五租”，即每亩田夏收后，先付地主二斗或三斗，大秋后再付杂粮五斗。当时的农民还要负担农业税、兵役、官差、税收，农民实际只有二三成的收成。若赶上天灾病祸，农民被逼无奈，便只能选择借高利贷。而高利贷的利息高得惊人，很多农民借贷后无力偿还，只得将土地、房屋作为抵押，甚至卖儿卖女，最终只落得妻离子散。

1938年2月，晋察冀边区行政委员会颁布了《晋察冀边区减租减息单行条例》，《条例》规定："地主之土地收入不论租佃、半种，一律照原租额减收百分之二十五"，"钱主之利息收入，不论新债旧欠，年利率一律不得超过一分（即10％）。"1939年，二区政府开始在各村开展减租减息运动，执行二五减租，到1940年日军秋季"大扫荡"前，各村基本上执行了二五减租。1940年日军秋季"大扫荡"后，抗日斗争的环境更加恶劣，部分群众的思想一度出现混乱，一些村庄出现了明减暗不减和地主反攻抬头，二五减租政策没有被深入执行。

三、开展征粮斗争

在粉碎了日军1940年发动的春季"扫荡"后，平西地区便成了巩固的抗日根据地。但是由于平西地区山脉众多，地瘠民贫，为了解决粮食问题，一方面要依靠军民开垦种地，增产节约，另一方面还要到日伪占领区去征粮夺粮。

1940年春，房良联合县政府在镇江营建起了交通转运站，以保证上级党政机关和主力部队粮食和物资的供给，保证兵源补充及输送。由于房良联合县委、县政府的积极工作，以及房良人民的大力支持，使得这条交通线发挥出越来越重要的作用。冀热察军区规定：镇江营附近十里以内的村庄不分县界，人力、畜力统归镇江营交通站调动，专供转运抗战物资之用，如盐、油、蜡纸、纸张、油墨、织布机、麻袋、皮革、机械零件及一切军用物资，随到随运。

1942年5月，宛平、房良、涞涿等县组成联合运粮大队，由平西专署和各县政府组织。驮运粮食的牲口由各家各户抽调，采取轮换的办法，规定宛平出 100 头骡子，房良、涞涿各出 200 头骡子。各地征集到粮食后，先运到县政府，然后再送往各自的指定地点。联合运粮大队驻在二区的沈家庵、穆家口、片上和三区的张坊一带，经常到良各庄、涞水县城一带运粮，最远去过新城县（今高碑店市）。

1942 年以后，房涞涿联合县大队、武工队与县、区工作人员通过多种渠道寻找经商者为抗日根据地秘密购进急需物资，有时还通过支持抗日的开明绅士，由他们利用各种关系运回急需物资。房涞涿联合县大队、武工队与县、区工作人员还经常越过封锁壕到敌占区，抓来伪保长，让他们限期把粮食送到指定地点，没有粮食的就用别的物资代替。通过秘密工作，涿县很多日伪占领区的群众冲破层层阻碍，千方百计地为根据地运回物资，还把根据地的土特产运到山外。

为了冲破日军的经济封锁，房涞涿抗日根据地与日伪占领区建立了几条贸易渠道，其中有一条是从十渡到东关上，再到张坊一带，一直延伸到涿县的广大地区。房涞涿联合县还组织了运输队，参加运输队的都是各村 18 岁至 40 岁的民兵。运输队分为长期和短期两种，两种运输队相互轮换。长期运输队（主要是运输粮食）一次去二三百人，每次进行半月至 20 天。运输队连续几个月征粮运粮，从敌占区运回了大批粮食，不仅保证了军需，还拿出一部分分给烈属、抗属和少数贫困户，使抗日根据地严重缺粮的问题得到了缓解。

四、实行统一累进税

自晋察冀抗日民主政府成立之日起，就废除了旧的苛捐杂税，并逐步过渡到合理负担。1940 年 8 月 13 日，边区政府开始实行有免征点和累进最高率的统一累进税，缴纳粮秣和钱款，调整出口税、入口税，停征田赋，废除其他一切捐税，把资产税、所得税、营业税等都融合在一起，一般一年只纳一次。同时，还把征收权集中于边区政府和村公所，其他任何机关、部队、团体、个人都无权向老百姓征税，从根本上废除了之前捐税繁杂的弊病。统一累进税是直接向财产所有人、收入所得人征税，减轻了有多种财产、多种收入的单位或个人的负担，交税方便，同时也能够保证政府的财政税收。

在贯彻执行统一累进税的过程中，各级抗日民主政权号召共产党员发挥先锋模范作用，带头填报统一累进税，有很多党员主动多报收入、多交税。实行统一累进税，对发展生产、调动抗日积极性、巩固抗日根据地都起到了重要作用。

五、粉碎经济封锁

为了打破日军的经济封锁，房涞涿联合县二区在房涞涿联合县委、县政府的领导下，一方面组织抗日根据地的民众进行生产自救，另一方面通过各种渠道冲破日军的封锁线，从日伪占领区运回急需的物资。与此同时，北平的中共地下党也通过秘密渠道给抗日根据地转送急需物资。在此过程中，有很多敌工人员和商人献出了自己宝贵的生命。日伪占领区的人民因长期处在日本侵略者的奴役和蹂躏之下，再加上天灾，生活本已困苦不堪，但为了支援抗日根据地，他们还是千方百计地把公粮凑齐，再由各村的党员干部秘密掩藏，然后等着运粮队去搬运，有时他们还会冒着生命危险把粮食和抗战物资运送到抗日根据地。

到 1943 年夏秋，抗战形势开始好转。到 1943 年冬，抗日根据地已基本上摆脱了困难局面。

六、建立二区农民合作社

为了活跃抗日根据地的经济，促进物资交流，方便群众生活，1939 年底，房良联合县政府在十渡村成立了贸易局，后来贸易局搬到了八渡村，并在六渡村建立了二区农民合作社。

1940 年 10 月，房良联合县在二区筹办农民合作社。经过两个多月的宣传组织，各村的农民对组织合作社能解决军需民食、有利于抗战、有利于人民生产生活有了充分认识。广大人民群众虽在经历了日军的数次“扫荡”后生活极度困难，但都自愿拿出仅有的物资入股参加合作社。当时共凑集股金 600 多元，按规定每股价值 0.5 元，共有 1200 多股，折合小米 1000 余斤。1941 年 2 月 10 日，农民合作社在六渡村正式成立，并开始营业，隗福勤任合作社主任，隗永高为会计，另有采购员 3 人。

因经济条件所限，同时也为了适应抗战环境，合作社一切因陋就简。合作社一开始设在六渡村的不到 40 平方米的 3 间北屋中，一无仓库，二无货架，屋内仅有一个两节墙柜，既摆放商品，又充当柜台。另有大、小两杆称，算盘一把，大缸、小坛等器具都是社员们七拼八凑，或者合作社工作人员自己带来的。合作社里的重要商品，如煤油、火柴、布匹等大都掩藏在半山炭窑、峡谷山洞之中，门市商品零星且量小，如有敌情，可以随时装入背篓，随群众转移进山，当时合作社的主要运输工具就是工作人员身上的背篓。

合作社建立之后的当务之急是要打破日军的经济封锁，开拓内外线的商品流通渠道。在上级党政军机关的帮助下，合作社抓住一切有利时机，努力争取民众，打破日军封锁，开展供销活动。

一是疏通关系深入敌占区，通过宣传和秘密联络，把一些食不果腹、仇视日伪、不愿当亡国奴、挣扎在死亡线上的小商贩争取过来，建立了一条地下商品流通渠道，保证了内外线物资和商品的流通。

二是抓住伪军贪图便宜的弱点，通过各种关系买通哨卡的官兵，避免关卡的盘查、勒索及各种刁难，保障商品流通的安全。

三是摸清日军的防御部署，乔装巧运通过封锁壕。地下商品流通渠道最关键的是通过日军的封锁线，为了解决这个问题，合作社采取了很多灵活机动的战略战术。首先，以商人身份公开在日伪军重点驻防的张坊一带进行活动，拉拢伪军敌特，侦查日军的防御部署，以便见机行事。其次，摸清日军的防御部署后，夜里越过封锁壕进行商品交换。再次，利用封锁壕附近村庄的村民越过封锁壕送粪、种地、打草、放牧等有利条件进行商品交换。最后，装扮成附近村庄的老百姓到张坊一带赶集，由于当时抗日根据地与日伪占领区货币不流通，合作社除了以物易物外，需要用银圆购买禁够物品，合作社的工作人员就借着赶集的机会将银圆运出去。

房良联合县二区农民合作社的工作人员不怕苦、不怕累，把个人安危置之度外，在广大爱国群众的有力支持下，终于冲破了日军的经济封锁，打通了南、北两条地下商品流通渠道，不仅为山区的土特产打开了销路，还为抗日根据地购进了急需的物资，缓解了二区紧迫的经济状况。建社后的一年多时间里，合作社共输入煤油160余桶、火柴80余箱、食盐3.3万余斤、布1000多匹，还有各种办公用品及日用百货，还对外销售了大量的土特产和牲畜。

1942年，由于敌特设伏搜捕，合作社采购员李和等人壮烈牺牲，导致北渠道无法使用，只得尝试开辟南渠道。南渠道在房张公路，路线是由长沟向涿县冯村方向，然后转向西行，经毛家屯、王庄、柴饭铺，沿拒马河滩到下滩，再至南拒马河的王家碾，经满金峪、铁琐岩，最后从沈家庵进入抗日根据地。

七、建立房涞涿联合县农民合作社

1942年冬，二区农民合作社迁至十渡村，改建为房涞涿联合县农民合作社，贾荫轩任主任，下设一部两股，隗福勤任业务部部长，张淑兰任组训股股长，隗永高任会计股股长。

房涞涿联合县农民合作社建成后，首要任务是配合生产自救，大力组织社员和群众进行刨药材、烧木炭、割荆条等副业生产，并通过地下商品流通渠道积极寻找副业产品的销路，以及换回急需的生活物资。

为了解决抗日根据地的粮食问题，隗福勤亲自到涞水县的蓬头、南城寺、赵各庄等地收购粮食6万余斤。隗福勤还组织养牲口的农户进行驮运，帮助他们获得运输收入。合作社还把收购上来的羊毛发给驻在十渡村的八路军九团战士，让他们利用休息时间打毛线、织毛衣、织毛袜，合作社再用这些物品换回粮食。

为了进一步缓解抗日根据地的经济状况，房涞涿联合县农民合作社在十渡的河滩建起了贸易集市，逢五排十设为集日，吸引了涞水、易县、三坡等地的小商小贩前来做买卖和商品交换。

1943 年夏秋，抗战形势开始好转，房涞涿联合县农民合作社撤销，恢复了二区农民合作社。

八、建立庄户台村农民合作社

1941 年秋，昌宛房联合县一区区公所所在地庄户台村建立了农民合作社，工作人员有蔡凤来、郑玉荣等，主要经营生活必需品和百货杂物。

1942 年春，一队日伪军从坨里进山，经霞云岭进犯十渡，庄户台村农民合作社遭到敌人洗劫。后来在广大群众的迫切需求下，庄户台村农民合作社得到恢复重建。同时根据区政府搞活经济、繁荣市场的指示，合作社配合庄户台村建起了集市，吸引了周边地区的众多商贩来此进行交易。1943 年 4 月中旬，日军调集兵力从霞云岭方向进犯十渡抗日根据地，庄户台村农民合作社再次遭到洗劫，此后未能再建。

九、建立马安村农民合作社

1943 年冬，为了保障本村村民的生产、生活，同时进一步扩大再生产，按照晋察冀边区的合作社组织条例，马安村主动建起了农民合作社。

马安村农民合作社有社员百余人，刘占直任主任，兼任会计，工作人员主要有刘德秀、刘德新、刘德宽等。合作社的紧缺商品大都通过关系来自口外，一般商品来自张坊和当地的十渡集市。每年年终，马安村农民合作社都能按照合作社组织条例进行盈余分配，提取10%至20%的公积金、5%至10%的公益金、5%至10%的职员酬劳金。广大社员把合作社视为生产、生活中不可或缺的经济组织，不仅避免了商人的中间剥削，而且很多以前买不到的东西现在不出村就能买到，既节省了劳力，又促进了村里农副业的生产。1944年，由于马安村农民合作办得有声有色，曾在大会上受到房山县政府的表扬。

十、推行合理负担

为了减轻抗日根据地的负担，党中央、边区政府规定：根据地的脱离生产人口不能超过根据地居民总人口的3%；人民负担不能超过国民总收入的10%，累进最高负担额不能超过收入的30%；负担面应达到居民总人口的80%。按照上述规定，平西抗日根据地只能负担脱离生产人员6000人，而当时实际脱离生产的有1.1万余人，占总人口的5%。在比较巩固的地区，部队、机关及工作人员来往不断，后勤保障机关要组织保障供给，卫生机关常有伤病员需要运送。特别是十渡地区，不但常有平西地区的部队、机关驻守，还有冀中十分区的部队、机关来驻守，房涞涿联合县政府等抗日民主政府也主要驻守在十渡地区，所以平西抗日根据地的人民群众要负担大量的抗战勤务。

平西大部分地区人民的负担超过当地国民总收入的10%，个别村庄甚至达到30%。抗战勤务的负担更是繁重，有的村庄平均每人每月做抗战勤务工作的时间在10天以上。

为了解决抗日根据地人民群众负担过重的问题，各级党委、政府制定了很多措施，如建立运粮制度、建立运输站、在部队与地方强调认真使用运输证、春耕期间尽量不动员民夫等。

房涞涿联合县委、县政府发动群众实行减租减息，推行合理负担；实行统筹统支，精简节约，减少脱产人员，减轻抗战勤务；大力开辟新区，从冀中十分区运回一部分粮食；整理乡村财政，发展根据地贸易等。同时，对游击区和敌占区的小商小贩开展争取、团结工作，保护他们的合法利益，通过他们将根据地的土特产运出山区，换回根据地军民急需的各种物资。这些措施对改善根据地人民的生活和支援抗日游击战争都发挥了积极作用。

十一、开展大生产运动

抗日根据地积极组织生产自救，开展大生产运动。房涞涿联合县二区的农民在县抗联会和区抗联会的组织带动下，先后在千河口、六渡、西河及平峪的天花板等地沿拒马河河滩开荒砌堰，利用夏季拒马河河水上涨时夹带的泥沙淤地造田，种植水稻。驻十渡村的冀热察挺进军九团战士在休息时将合作社收购来的羊毛打毛线、织毛衣、织毛袜，然后再由合作社用这些物品换回粮食。

此时，县、区政府分别下达了生产任务，县、区干部一方面领导抗日根据地的军民生产自救，另一方面带头参加生产劳动，除值班人员外，以小组为单位，都去开荒种地。

各村党支部也积极组织群众进行生产自救，号召党员带头参加生产，提出“不参加生产不是好党员”的口号。为了克服人力、物力的不足，各村普遍组织起拨工队，连妇女和儿童也都被发动起来。

部队指战员从团长、政委到战士，人人都是一手拿镐、一手拿枪，纷纷动员起来，投入轰轰烈烈的大生产运动之中。

由于抗日根据地的军民开展了广泛的大生产运动，到 1944 年，根据地已基本解决了吃饭穿衣的问题。自此，抗日根据地不仅战胜了空前严重的自然灾害，还彻底打破了日军的经济封锁，为夺取抗日战争的最后胜利打下了坚实的物质基础。

第五节　发展抗日根据地的教育事业

抗日战争时期，中国共产党领导的抗日根据地认真贯彻落实以抗日救国为目的的文化教育方针，按照毛泽东在《新民主主义论》中提出的“民族的科学的大众的文化，就是人民大众反帝反封建的文化，就是新民主主义的文化，就是中华民族的新文化”的重要思想加强文化教育建设，使抗日根据地的文化教育事业呈现出蓬勃发展的新局面。

一、开展抗战教育

教育是抗日民主政府的主要工作之一，县一级有教育科，区一级有教育助理，村一级有教育委员，各校之间有中心片教师，工作层层有人抓，事事有人管。除专职干部外，其他部门的干部也要下乡到学校中开展教育工作，一方面帮助学校解决具体问题，另一方面要求学校做好宣传工作。因此，学校成了广大农村地区进行抗日宣传的重要阵地，学校师生则是抗日宣传工作的开路先锋。

县、区领导对抗日根据地的教育工作非常重视。1939 年春，中共平西地委在西庄村的龙王庙建立了平西抗日大学分校。同年秋，房良联合县政府由堂上村迁至马安村，之后在十渡建起抗日高小，县长刘介愚兼任校长和政治教员。这种领导体制使得县、区干部在汇报工作时都要把教育工作列为汇报内容。对待教育工作，各部门既有分工，又能合作。

抗日民主政府非常重视对教师的培养。为了提高教师的政治素质，抗日民主政府或组织教师到专区参加集训，或举办集训班，集训班短则三周，长则一个月。1939 年春，涞涿联合办事处在悟空寺举办了青壮年知识分子训练班，为期三周，办事处主任王巍亲自给学员讲解抗日民族统一战线和毛泽东主席的《论持久战》，另有部队首长给上军事课。1939 年冬，房良联合县政府在马安村举办了教师培训班，提出严禁对学生进行体罚或变相体罚，倡导教学民主。通过不断的培训，有效提高了抗日根据地教师的教学水平，为开展抗日教育奠定了师资基础。

二、破除封建文化

抗日根据地大力宣传解放妇女，首先解决了妇女挨打受气的问题。当发现有妇女挨打受气时，妇救会会请当地政府帮忙解决，有时还会自己出面解决。在解决问题的过程中，妇救会不仅要教育婆婆、丈夫，还要同封建势力做斗争，很多妇女开始尝试将自己的痛苦说出来，开始敢于同不合理的待遇做斗争，开始有了争取自由的想法。

妇女裹足是封建社会剥削压迫妇女的重要形式，为了进一步解放抗日根据地的广大妇女，根据地开展了放足运动。九区妇联会干部宋金兰因没裹过脚，被村民称为“大脚老宋”。宋金兰主管蒲洼及周边几个村的妇联工作，她不仅为人豪爽，而且口才极棒，召开妇女大会时，一件事凡经她一说，妇女们的干劲马上就提起来了。1943 年，抗日根据地开展了普及文化运动，为了解放妇女，各村号召青壮年妇女放足、剪头、上识字班。针对个别女孩的家长认为上学没用，还偷偷给女孩缠足的现象，隗合生套用民歌《二十四糊涂》的曲调，编写新词后创作了宣传歌曲：“人家的女人走路快又稳，我要走路真痛苦，妈妈娘哎好糊涂，我也放大足，哎嗨呦，我也放大足。人家的女人又写又会算，我却两眼黑乎乎，妈妈娘哎好糊涂，我也去读书，哎嗨呦，我也去读书。”由于受封建传统的影响，很多上了年岁的人都不赞成放足。宋金兰便与村妇联会的王秀芳、史风婷、晋玉花等委员们默契配合，利用各种会议积极宣传动员妇女放足，还亲自带队到各家各户去检查，放足工作开展得很有成效。

三、开展识字教育

抗日民主政权建立后，为改变十渡地区群众文盲多、文化水平落后的现状，区、村两级政府积极开展成人教育活动，大力推进各村的农民识字工作，各村随处可见扫除文盲的标语。大批青壮年，甚至老人都参加了学习，妇女也获得了受教育的权利。各村根据当地的实际情况，按年龄、性别和识字多少等分班编组，学习内容包括政治常识（抗战形势）、中心工作、识字，有的村还学习军事常识、锄奸等内容。教员多由当地小学教员兼任，或由本地高小、初小毕业生担任。经过学习，广大群众在政治素质、文化水平上都有了显著提高，过去很多目不识丁的村民都已经能够在站岗放哨时查验路条，还能教不识字的过路人念识字牌。当时的平峪村识字班有学员 50 人，每三天上一次课，主要学习抗日道理，由于印刷条件所限，所用的课本都是教师自己抄写的。

四、建立十渡抗日小学

1938 年 9 月，八路军第三纵队第一支队北上先锋工作团在十渡村的隗和田家里建立了十渡抗日小学，本村的隗合生担任学校的第一任教师。学校的教育坚持 3 个结合，即普及与提高相结合、学习文化与学习抗日本领相结合、理论与实践相结合。学校以班为单位，建立队委会，设队长一人，负责班级的全面工作，下设学习委员、文体委员、卫生委员、社会服务委员。学校的主要课程有语文、算术（包括珠算）、军体、文艺，所有课程都是教授有关抗日的内容。学生没有正规课文，都是靠教师抄写，高年级的学生帮助教师给低年级的学生抄写课本。课本的内容大部分是教师根据不同时期的中心工作编写的，还有从报刊（《教育阵地》《挺进日报》《察哈尔日报》等）上摘选的，还有的是教师自己编写的顺口溜、快板、小歌剧、旧曲调填新词等，既是文化课本，也是宣传材料。

为达到普及文化的目的，学生有整日班、半日班，随到随教，还允许学生带着弟弟、妹妹上学。“小先生”送字到家，巡回教学，形式多样。学生放学后，大都利用中午、晚上和周末的时间组成秧歌队、歌咏队、霸王鞭队、街头活报剧组等开展抗日宣传和社会服务工作。此外，他们还轮流传递书信和文件，以及站岗放哨、查验路条。

五、建立抗日高小

抗日战争全面爆发以前，平西地区文化教育事业的发展极不平衡，山区的文化教育水平普遍落后，平原地区和工商业有一定发展的地区则相对较为发达。卢沟桥事变后，由于日伪的摧残和破坏，平西地区的文化教育事业陷入混乱和停滞状态。恢复和发展抗日根据地的文化教育事业，是加强抗日根据地建设的重要组成部分，也是抗日根据地广大群众的迫切需求。为了发展抗日根据地的文化教育，边区军政民代表大会确定了边区文化教育建设的基本原则，制订了发展文化教育事业的计划。在边区各级政府机构中，相继建立起了教育行政系统。边委会设教育处，专员公署和县政府设教育科，区一级有教育助理员，村一级有教育委员，这些都极大地加强了对边区文化教育事业的领导和管理。抗日民主政府还创办了专区、县、区、村各级中小学和夜校，普遍开展了扫盲识字运动，提高了人民群众的文化水平。

1939 年夏，房良联合县政府在房良联合县二区西庄村建起了房良联合县抗日高级小学，50 多名学生作为抗日高小的第一批学员入校学习。县长刘介愚任校长，县委书记赵然到校讲课，讲授的内容主要是《抗日救国十大纲领》《八一宣言》等。学生一方面学习政治和文化知识，另一方面练习抗日歌曲，排演抗日歌剧、话剧，参加识字班、教育班，还曾到蒲洼、霞云岭和平原地区的南白岱、惠南庄等地进行抗日宣传。同年冬，房良联合县抗日高小迁至房良联合县二区马安村后，著名爱国民主人士李公朴曾到学校视察，并发表了演说。

几个月后，房良联合县抗日高小的第二期学生入学。当时学校的环境比较简陋，且办学地点不固定，开学时是在张坊地区大峪沟村的一个地主大院内，学生需要自带被褥、碗筷、洗漱用具、学习用具。学校的课程主要有政治、语文、音乐、体育。政治课主要讲当时的抗战形势，学生先做记录，然后分组讨论。语文课主要是教师念学生记，最后再由教师串讲，后来有教师自制了小黑板，才开始在小黑板上写一些标题和生字，再后来学校有了一台油印机，可由于缺纸和油墨，所以只是印一些重点的讲义。音乐课主要是教唱一些抗日歌曲。上体育课时根本没有体育器材，只是做些基本动作，玩一些小游戏，或者搞一些课外活动。到了晚上，学生分组讨论一天的学习内容。师生同甘共苦，关系融洽，虽然条件艰苦，但是学生的学习热情非常高涨。

房良联合县抗日高小还积极配合民主选举工作，参加了选举房良联合县议员的准备工作。学生们认真排演话剧、学唱革命歌曲、练习舞蹈、写演讲稿子，各项工作都准备好以后，学生们背着包，带着工具，举着红旗，喊着口号，列队到各村进行宣传，各村群众也都来到村口迎接。进村后，学生们一边涂写标语，一边分头召集群众观看演出，现场气氛非常热烈。

抗日学校的开办，不仅改变了十渡山区没有正规学校的历史，更为房良抗日根据地和房涞涿抗日根据地培养了急需的干部和军事人才。

六、建立十渡抗日完小

1940 年，房涞涿联合县政府在二区西庄村建立了十渡抗日完小，开始时学校的学生不多，一共才有 50 多人。学校是由一个三合院的旧庙改建而成，北屋三间是个大教室，东、西厢房是两间屋，东屋是教师宿舍。

1941 年春，校长王冀到张坊镇为学校购置物品，临时由贺哲夫任代理校长，他同学生代表畅谈百团大战，通过对抗日形势进行分析，帮助师生树立了抗战必胜的信心，鼓舞了士气，稳定了情绪。学校还成立了儿童团，团长是宛平人王永茂，他学习好、守纪律、聪明能干。当时学校没有黑板，教师就用老百姓家铁锅底的煤烟粉加上树脂胶熬成糊状，再在教室的墙上刷成长方形的黑板；没有粉笔，教师就在村外山坡下找些白土和成泥，再搓成粉笔状，晾干后当粉笔用；课本不够，就采取教师讲授，学生听后再抄写的办法。后来，学校接收了平西十一军分区送来的 40 多名部队精简下来的“小鬼”，即部队所谓的“八大员”。他们大多是冀东暴动时离开家出来的，其中大的十五六岁，小的十一二岁，多数是十三四岁，如今他们的家都在日伪占领区，根本回不去，因此只好送到地方学校来学习文化。同时军分区还派来了一个管理员，名叫张文海，专门负责管理这些学生的日常生活。

1941 年秋，日军对抗日根据地进行“大扫荡”，本村的孩子都放假回了家，有两个外村的女学生被安排在一户人家，教师被安排到另外 3 户人家。学校领导则带着 40 多个部队学生在平峪后山隐蔽。由于部队学生都穿着军装，很容易被敌人发现，经县领导批准，部队学生全部换了便装，被分散安排到老乡家中躲避。之后学校根据学生住处的远近，在树林、山沟等地轮流上课。

后来，虽然反“扫荡”斗争取得了胜利，但是抗日环境越来越艰苦，战斗越来越频繁，学校被迫解散，部队学生被另行安排到兵工厂和被服厂去当学徒工，学校里的教师也被另行分配了工作。

第六节 《没有共产党就没有中国》在堂上村唱响

1943 年 9 月，晋察冀边区群众剧社的文艺战士曹火星在房涞涿联合县堂上村创作出了歌颂共产党的不朽歌曲《没有共产党就没有中国》。从此，不朽的歌声表达着亿万人民的心声，唱响晋察冀抗日根据地，唱响全中国，并从 1943 年一直传唱到今天。如今，这首歌曲正伴随着中华民族新征程的雄健步伐，唱响灿烂辉煌的明天。

一、群众剧社到堂上村

1938 年 4 月，平山县建立了铁血剧社。1938 年至 1939 年间，铁血剧社的足迹踏遍了滹沱河畔的每一条山沟。1941 年秋季“大扫荡”时，边区实行精兵简政，剧社调归五专区，受四地委领导。1943 年 4 月，剧社调归边区抗联会领导，并正式更名为群众剧社。

1943 年 9 月初，剧社按照上级要求开赴平西抗日根据地。剧社行至晋察冀一分区时，正赶上日军对北岳区进行秋季“扫荡”，剧社只得在日军“扫荡”的间隙悄悄越过拒马河，穿过敌人的封锁线，最终到达中共平西地委所在的李各庄村。此时，新华社播发了毛泽东主席《在延安文艺座谈会上的讲话》，中共平西地委随即油印了小册子，并认真组织学习。剧社人员通过学习，进一步明确了文艺工作为工农兵服务的方向和文艺工作者与工农兵相结合的道路，剧社人员都受到了极大的教育和鼓舞。之后，剧社组建了 3 个小分队，分别深入平西抗日根据地的群众中去，其中赵冀平、曹火星、张学明所在的第三小分队被派到房涞涿联合县参加减租减息运动。

房涞涿联合县政府驻在拒马河畔的十渡地区，第三小分队越过拒马河，翻过拒马河河谷的高山，最终进入十渡地区。在十渡地区，第三小分队创作了一组歌曲，曲子是用当地民间的曲调改编而成，歌词采用了对比手法。后来，中共房涞涿联合县委收到了日军将要进行“扫荡”的情报，便安排第三小分队去了房山县堂上村。

1943 年 10 月，第三小分队到达房涞涿联合县堂上村，小分队住在堂上村村南的古庙里，每天的工作就是书写抗日标语，组织村剧团创作演出文艺节目。

二、曹火星在斗争中成长

曹火星是河北省平山县西岗南村人，虽然出生在农民家庭，但是因为父亲和大哥都受过中等以上教育，他的小学老师又是一名共产党员，所以他自小就接受了一定程度进步思想的熏陶。

1937 年，13 岁的曹火星刚考入保定中学。抗日战争全面爆发后，曹火星辍学回乡参加了抗日斗争，担任本村的青年救国会主任。1938 年春节后，曹火星到平山县农会工作，负责编辑《烽火报》。1938 年

图 4-1 曹火星

1月，平山县青年抗日救国会成立，并决定建立铁血剧社，曹火星成为剧社骨干。1939年底，华北联合大学迁至平山县，剧社全体成员被送到华北联大文艺学院深造。深造期间，曹火星完成了自己作词作曲的第一首歌《上战场》。深造结束后，曹火星不仅和战友们在一次次反“扫荡”斗争中掌握了各项军事技能，还增长了群众工作的本领，同时积累了很多创作灵感。

1943年，19岁的曹火星担任了晋察冀边区抗日救国联合会群众剧社的音乐组组长。为粉碎日军对阜平抗日根据地的“扫荡”，根据地开始转移非战斗人员，曹火星和战友们被转移到房涞涿联合县，继续开展抗日宣传工作。平西抗日军民的抗日斗争和对共产党的深厚感情深深地鼓舞了曹火星。

三、曹火星创作红歌

1943年3月，蒋介石发表了《中国之命运》。1943年7月21日，延安的《解放日报》发表了《评〈中国之命运〉》，对《中国之命运》进行了全面的批驳。《评〈中国之命运〉》发表当天，中共中央宣传部发出了《关于广泛印发〈评《中国之命运》〉的通知》，要求“一切干部均须细读，加以讨论”，“一切学校定为必修之教本”，“乘此机会作一次对党内党外的广大宣传”。毛泽东还为《解放日报》写了社论《质问国民党》《评国民党十一中全会和三届二次国民参政会》等，集中驳斥了国民党及《中国之命运》的反共宣传。《解放日报》先后发表了王稼祥的《中国共产党和中华民族的解放道路》、范文澜的《谁革命？革谁的命?》、艾思奇的《〈中国之命运〉——极端唯心论的愚民哲学》等文章。

针对《中国之命运》中的“主题曲”，即“没有国民党，就没有中国”，《解放日报》在1943年8月25日刊登了针锋相对的社论，题为《没有共产党，就没有中国》。

1943年9月，赵冀平、曹火星、张学明、王从信所在的群众剧社第三小分队从十渡村到了堂上村。一路上，小分队观察了抗日根据地军民火热的斗争生活，激发了小分队的创作激情，大家决定集体创作一组歌曲，即《热爱八路军》《解放区真是一个好地方》《在天上要数什么东西》《中国人离不开共产党》，并决定由曹火星创作这组歌曲的主题曲《没有共产党就没有中国》。

良好的家庭教育奠定了曹火星的创作基础，中国共产党领导的伟大革命和抗日斗争，以及抗日根据地军民的爱国情怀、民族气节、英雄气概、坚定信念都教育了曹火星，并激发了他的创作灵感，最终激励曹火星创作出了经典歌曲《没有共产党就没有中国》。

曹火星对国民党宣传的“没有国民党，就没有中国”这句话十分反感，于是他针锋相对地将其改为“没有共产党，就没有中国”，并想以此作为歌曲的标题。他认为这既符合共产党领导全民族抗战的事实，又有力地批判了蒋介石，还有凝聚力和号召力。经过四五天的构思，这首激励和鼓舞全国人民在共产党领导下坚持抗战的歌曲在堂上村的小庙里创作了出来，当时的歌词是：“没有共产党就没有中国，

没有共产党就没有中国，共产党辛劳为民族，共产党一心救中国，他指给了人民解放的道路，他引导着中国走向光明，他坚持了抗战六年多，他改善了人民生活，他建设了敌后根据地，他实行了民主好处多，没有共产党就没有中国，没有共产党就没有中国。”

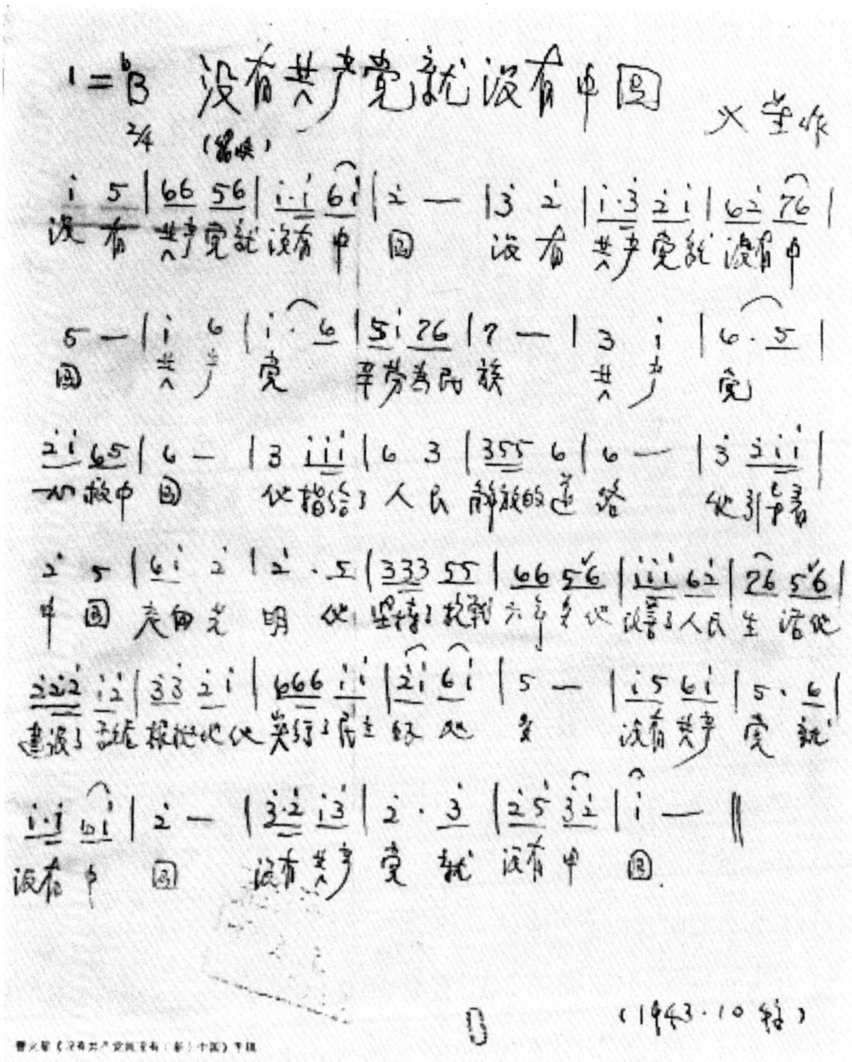

图 4-2　《没有共产党就没有中国》手稿

歌曲完成后，曹火星首先教堂上村的儿童团演唱，很受儿童团和当地村民的喜爱。当年冬天，晋察冀边区在涞水县办干部训练班，曾组织教唱这首歌曲，后来在易县办训练班时也教唱过这首歌曲。1944年8月，晋察冀军区印了铅印本，歌曲在晋察冀抗日根据地广泛传播。1945年张家口解放时，曹火星还曾到电台教唱。

为庆祝新中国成立后的第一个儿童节，中央人民广播电台要录制解放区的歌曲，华北军区八一小学的合唱队准备了《没有共产党就没有中国》《解放区的天是明朗的天》《儿童好比一枝花》等歌曲。后来，毛泽东主席将歌词修改为“没有共产党就没有新中国”。很快，这首歌唱中国共产党缔造新中国的歌曲就唱遍了全中国。

图4-3　《没有共产党就没有新中国》的词曲诞生地

四、修建纪念碑、纪念雕塑、纪念馆

1990年，霞云岭乡党委、乡政府在堂上村修建了纪念碑。1994年9月24日，天津市音乐家协会在堂上村重新立碑铭志，曹火星参加了揭幕仪式。2001年，江泽民同志题词“没有共产党就没有新中国”。2001年6月28日，中共北京市委在堂上村举行了《没有共产党就没有新中国》歌曲诞生地纪念雕塑揭幕仪式。纪念雕塑高5米，由基座和一个直径2米的半球状不锈钢金色地球仪、一面3.8米高的红旗组成。基座选用了沉稳、庄重的绛紫色大理石为材料，上面雕刻着江泽民同志题写的“没有共产党就没有新中国”11个金光闪闪的大字和《没有共产党就没有新中国》的词曲，侧面刻有为纪念雕塑落成撰写的题记。2006年，《没有共产党就没有新中国》创作地纪念馆新馆落成。2010年，纪念馆被命名为第一批北京市廉政教育基地。2011年，纪念馆被评为全国红色旅游经典景区。2016年，纪念馆被评为北京市爱国主义教育基地。2019年，纪念馆被评为全国爱国主义基地。

第七节　建立并保卫后方基地

1938年10月，毛泽东在中共六届六中全会的报告中指出：每个游击战争根据地都必须尽量设法建立小的兵工厂，办到自制弹药、步枪、手榴弹等程度，使游击战争无军火缺乏之虞。此后，各抗日根据地相继建立起了兵工领导机构，军事工业开始逐步发展起来。

一、冀中五分区的后方基地

1938年秋，冀中军区第五分区建立，朱占魁任司令员。1939年11月，为了应对日伪军对平津保三角地区西部的频繁突袭与“扫荡”，同时保障冀中五分区的后勤工作和医疗工作的安全，遵照上级指示，冀中五分区在涞水县石亭地区和十渡地区的前石门、后石门、平峪一带的山区建立了后方留守处。冀中五分区供给部部长杜求古任留守处主任，司令部纪要科科长卢晓任政委，电台指导员王洋任政治指导。冀中五分区的修械所、被服厂、医院、专区银行，以及重要物资和部分重伤员等均转移到了平西抗日根据地的前石门、后石门等村，印刷厂、铁工厂搬到了平峪村，护送部队是冀中五分区的二十七团二营。

1940年3月，冀中五分区的二十七团、三十二团到涞水县的车厂地区和十渡地区进行整训。在整训的过程中，二十七团和三十二团多次掩护十渡民兵在冀中五分区与后方基地之间往返运送物资

二、坚壁清野

1940年秋，在日伪军对十渡地区进行“大扫荡”之前，抗日根据地的民主政府便得到了情报，之后立即组织各村进行坚壁清野。

在前石门村，当八路军留守处接到上级的通知后，“八大处”的领导马上让村长负责组织坚壁清野工作，将村里的军用物资掩藏起来。当时共有4个掩藏地点，村里有两处，分别是张玉恒家房后的地窖和李明家房后的地窖；村外有两处，分别是十三亩地北埝根的地洞

和刘财坨的山洞。后来由于叛徒告密，张玉恒和李明家房后地窖里的物资被敌人烧毁。

在平峪村，村干部组织村民将400多支步枪、4台石印机、500余套军装、4万余斤粮食，还有铁工厂的各种机械和弹药都坚壁了起来，日伪军在平峪村搜查了一天，结果什么物资也没有找到。在掩埋物资时，村民先挖坑，之后把挖出来的土运到别处去，然后把各种物资放进坑里埋好，再牵着牛把整地块翻耕，最后用笆盖平，从远处看，就像是秋天刚耕过的地一样。冀中十分区的领导从外线作战回来，看到各种物资无一丢失，非常欣喜，并对平峪村的工作给予了高度赞扬和鼓励。

三、阎立宣副司令员在平峪村

1940年4月，日伪军对冀中五分区进行了“扫荡”，时任冀中五分区副司令员的阎立宣奉命到平西的石门一带主持后方留守处的工作。当时部队到前线作战，家属不能随行，便都留在了后方留守处。后来由于叛徒告密，阎立宣只得带着几十位家属绕山道而行，向平峪村转移。

家属中有60多岁的缠足妇女，有刚出生两三个月的婴儿，还有接近产期的孕妇，他们大都没有见过高山，加之过度紧张的情绪，攀爬起来十分困难。在阎立宣的带领下，众人征服了崎岖的山路，终于在十渡地区的一座山上落了脚，可众人还要面对没有粮食、没有饮用水，更没有房屋可以躲避寒冷的山风的困境。此时，朱占魁的父亲每天天黑后就带人下山找水和食物，众人就这样艰难地在山上坚守着。

一天，下山寻找食物的人听当地老乡说日伪军已经开始撤离，他马上回到山上，将这个好消息告诉了众人，之后大家在阎立宣的带领下悄悄地下了山，并来到平峪村的军属李庆海家。此时日伪军的“扫荡”刚过，李庆海的家里几乎什么吃的也没有，他就把自家山坡上种的玉米都掰下来，煮熟给众人吃。一连几天，众人只有煮玉米和白水煮白菜叶汤吃，没有吃过一粒盐。

当时已是深秋，可家属们却都没有棉衣服，阎立宣立即安排后方留守处的人找了一些白布和棉花，给每人做了一件棉衣。后来直到日伪军全部撤离，一部分家属才离开了平峪村。

四、建立芦子水村兵工厂

1939 年冀热察挺进军建立后，为了给主力部队和地方武装提供弹药补充，上级领导决定建立几处兵工厂，位于百花山下的芦子水村兵工厂就是其中之一。当时要求芦子水村兵工厂生产手榴弹、地雷、爆破箱等武器，并要求半年内生产出合格的产品。经过 4 个多月的努力，芦子水村兵工厂出色地提前完成了试制工作。

芦子水村兵工厂设有 4 个股（车间），即翻砂、炸药、木工、组装，共有 20 多名干部、技术人员和职工。从弹壳的造型、铸摸、翻砂，到炸药的制作，特别是拉火的制作，兵工厂都是靠着自己摸索来完成的。兵工厂开始时的生产能力较低，一昼夜仅能生产二三百枚手榴弹或地雷，后来逐渐能生产到 500 枚，两年后已经能生产 1000 多枚。此时，兵工厂生产的弹药供不应求，每天都有很多人在厂外排队等待领取弹药。

芦子水村兵工厂为抗日前线输送了一批又一批的军事补给，为平西抗日根据地的抗日工作做出了巨大的贡献。

图 4-4　芦子水村兵工厂遗址

五、日军“扫荡”芦子水村

1939 年 10 月，300 多日军从南窖据点出发，经霞云岭、堂上村，向芦子水地区进犯，妄图摧毁芦子水村兵工厂。日军一路烧杀抢掠，无恶不作。当日军行进至花台时，八路军某部侦察排火速赶到大安岭一线进行阻击。在排长史甫春的带领下，侦察排与敌人进行了激烈的战斗。战斗从中午一直打到下午 4 点多，侦察排硬是没让日军前进一步。直到得知芦子水村的老百姓已全部安全转移，兵工厂的器材也已全部掩藏，侦察排才撤了下来。下午 5 点多，日军进入芦子水村后在村中进行了疯狂报复，挨家挨户地砸抢，最后还放火烧毁了 400 多间房屋。

1940 年 3 月，日军从南窖据点出发，沿堂上村、东村，向芦子水村方向“扫荡”，目的仍是摧毁芦子水村兵工厂。日军悄悄地进入了东村，并把指挥部设在了娘娘庙，然后派出几小股部队分别沿大路和小路向芦子水村包抄。村里的八路军早已得到情报，在日军包围村子之前，全村老百姓和兵工厂就已经转移了。日军进入芦子水村后，搜查了村子的每一个角落，可一个人也没发现，更没有发现兵工厂的影子，日军的这次“扫荡”又扑了空。10 月，日军再次来到芦子水村准备摧毁兵工厂，由于兵工厂早已坚壁清野，日军仅抢走了 160 多只山羊和十几头大牲畜，还打伤了 3 名老百姓。

六、抗联主任张玉清

1939 年 11 月，冀中五分区在前石门、后石门、平峪一带的山区建立了后方基地，成立了被服厂、枪械所、后方医院等，前石门村抗联主任张玉清带领全村群众积极为后方医院和工厂做好服务保障和安全工作。

1940 年秋，日军调集重兵对平西抗日根据地进行“扫荡”。得到情报后，八路军部队决定立即转移，此时“八大处”指挥部的领导找到村长李瑞，让他负责组织人员把各种物资掩藏起来。八路军部队刚刚转移，居住在太平庄村的土匪穆老四就到前石门村盗挖了这批物资。日伪军得到情报后，也立即派兵来到前石门村，搜查被掩藏的物资。面对日伪军的威逼利诱，副村长李有得、张殿林、张殿魁等人为保命，叛变投敌，把物资的掩藏地点告诉了敌人。

不久，日伪军对前石门村进行了第二次“扫荡”。日伪军进村后，把没有来得及跑掉的老百姓都聚集到了村后土坡的大庙前，之后将抗联主任张玉清和村干部李凤瑞押到了大庙前，逼迫他们说出“八大处”物资的掩藏地点。张玉清宁死不屈，无论日伪军对他如何严刑拷打，他始终都是 3 个字——不知道。日伪军恼羞成怒，残忍地枪杀了张玉清。由于没有抓到共产党干部，也没有搜到“八大处”的物资，气急败坏的敌人在前石门村进行了残暴的镇压和屠杀，最后还几乎把全村的房子都烧毁了。

日伪军撤离后，县政府和区公所的干部带领民兵抓捕了叛徒李有得、张殿林、张殿魁等人，之后召开了群众大会，最后在村外对他们进行了处决。

七、建立秘密交通线

为了保持城内与平西抗日根据地，以及平西各抗日根据地之间的联系，冀热察区党委和晋察冀分局先后选派机智勇敢、政治可靠的干部组建了严密的党内秘密交通网络。地下交通线在护送来往人员、传递指示和情报、运送物资等工作中做出了重要贡献。

党内的秘密交通线最早是在 1939 年初建立的。当时为了建立抗日根据地与平津地下党的联系，冀热察区党委在平西抗日根据地与平津之间设立了 4 条秘密交通线：一条是北平、妙峰山（今属门头沟区）、田家庄（今属门头沟区）；一条是北平、镇边城（今属河北省怀来县）；一条是天津、北平、松林店（今属河北省涿县）、张坊（今属房山区）、平西抗日根据地；一条是北平、三家店（今属门头沟区）、平西抗日根据地。在妙峰山、田家庄、镇边城、松林店、张坊、三家店等处都设立了秘密交通站或交通点，并配备了交通员。

通过这 4 条秘密交通线，平西抗日根据地向平津唐地区派遣了一批干部，传递了很多上级党组织关于城市工作的指示；平津地区的党组织通过秘密交通线向抗日根据地输送了一批干部和青年学生，还曾护送平津唐点线工委的工作人员到抗日根据地汇报工作；平津地区的一些国际友人和外籍教授通过秘密交通线转赴晋察冀抗日根据地；通过秘密交通线还运送了平津地下党筹集的电信器材、医药、布匹、食盐等紧缺物资。

第五章　夺取抗战全面胜利

1944 年春，日军在太平洋战场上接连失利，为打通大陆交通干线，只得抽调了华北一半的兵力。从 1944 年春开始，抗日根据地的军民越过封锁壕，深入敌占区，开始了对日军的局部反攻。1945 年，开始对日军展开全面反攻，并最终夺取了抗战的全面胜利。

第一节　抗日根据地对日军的局部反攻

渡过了严重困难时期的抗日根据地广大军民，从 1944 年开始积极对日军发动进攻。抗日军民越过封锁壕，由原来的“坚持山地”变为“指向平原”，展开了更加广泛深入的抗日游击战争。

一、县、区武装主动出击

为了抗击日本侵略者的掠夺，从 1944 年春开始，各解放区先后对日军展开局部反攻。房涞涿联合县游击队在县委书记赵然的带领下，主要活动在涞水、涿县、房山交界的平原一带。昌宛房联合县游击队在县委书记杜春永的带领下，主要活动在房山、良乡的广大平原。

1944 年春夏，在房涞涿联合县和昌宛房联合县的山区与平原交界的边缘地带，除驻防主力部队外，还有七八支县、区游击队和武工队。各种抗日武装频繁出击，袭扰敌人据点，歼击零星伪军，破坏敌人的交通和通信设施，同时开展征粮活动，收缴敌占区物资，使得敌人疲惫不堪。

与此同时，房涞涿联合县和昌宛房联合县的主力部队与地方游击队遵照上级指示，利用有利时机袭击敌人，开始逐个拔除抗日根据地边缘的日伪军据点，从而进一步扩大解放区。

1944 年 2 月 14 日，9 名昌宛房联合县游击队战士夜袭安子和中窑高线站。3 月 3 日至 8 日，房涞涿联合县九区武工队连续 3 次出击，收割敌人电话线几十里。

二、四十四团攻克北白岱据点

1944 年 6 月 22 日，分区四十四团团长王茂全、参谋长刘光第带领 4 个排的战士从西庄村出发，经大峪沟越过封锁线，向北白岱进发。北白岱据点紧挨张坊据点，由伪军驻守。这一据点扼守要路，敌人想以此来拦截抗日武装将物资运进抗日根据地。为拿下北白岱据点，侦察员杨玉良、苏温等人事先摸清了敌人的兵力部署和活动规律，并依照地形绘制了进攻路线。四十四团战士按照侦察员指定的路线，连夜摸进村，并悄悄埋伏好。天亮后，敌人集合出操，两位侦察员干净利落地制服了据点的岗哨，四十四团的战士们随即冲进了据点。此时伪军连长还在睡觉，岗楼上也只有一名警戒人员。慌乱中，有十几个伪军跑上了岗楼，王茂全将岗楼点着，十几个伪军都被烧死在了岗楼里。这次战斗，毙敌 10 余人，重伤 2 人，俘虏 13 人，缴获步枪 24 支、手枪 1 支、子弹 750 发、手榴弹 50 余枚、电话机 1 部、棉大衣 20 余件。

三、武工队外线作战

1944 年 7 月末，中共房涞涿联合县委在十渡村召开沟线外工委会议。会上决定由平原各区抽调力量组成两支武工队，向涿县铁路以东地区出击。城南武工队由董一欧任队长，陈辉任政委，城北武工队由崔光任队长，刘民任政委。8 月中旬，城南武工队从苍牛屯村越过平汉铁路，城北武工队从大营村越过平汉铁路，两支武工队同时向东进发，约定 3 个月后在大清河会师。后来，两支武工队一直打到大清河河边，并在大清河西岸胜利会师，将房涞涿联合县的平原各区连成了一片。与此同时，武工队和区小队利用有利时机，抓紧进行改造村政权、减租减息、开展地道战等工作，还顺利完成了 1944 年夏季的征粮、征兵任务。

四、打击日伪军

1942 至 1944 年，村抗联主任隗和宽和区游击大队队长霍梁经常在夜间带领民兵于进水、刘福银、王炳更、郑全巨等人偷袭安子高线站的日伪军，使得日伪军不敢轻易出来活动。

1944 年 7 月，日伪军 70 余人从长操、红煤厂出发，向霞云岭进犯。上石堡村的民兵中队准备在敌人返回时对其进行阻击。隗和宽和上石堡村民兵中队队长隗和常在村西的河滩埋下了 2 枚地雷，又在村口埋下了 4 枚地雷。等敌人经过时，突然一声巨响，当场炸死 1 人、重伤 2 人，其余的敌人乱作一团，慌忙逃走。同月，上石堡村民兵中队接受了铲除汉奸、伪军团长程子良的任务。隗和宽带领 20 余名游击队队员和隗和常、霍占奎等 7 名民兵，深夜潜入程子良家，将正在抽大烟的程子良擒获。此时有敌人包围了上来，游击队和民兵英勇冲杀，成功冲出了敌人的包围圈，且无人伤亡。后来，游击队将程子良送到了县政府接受人民的审判。8 月中旬，日伪军 200 余人进犯抗日根据地。隗和常得到情报后，一面命令民兵掩护群众转移，另一面带领解景成等 8 名民兵到下石堡村口的南山上对敌人进行阻击。日伪军一时搞不清我军兵力，只好慌忙窜回。9 月，隗和宽率领游击队和民兵攻打了安子村南大岭的日军护线队，毙敌 6 人，缴获步枪 1 支。

第二节　全面反攻

1945 年初，抗日根据地军民组织了春季反攻，根据地的面积迅速扩大，日伪军只得龟缩进几个主要据点。1945 年 4 月以后，抗日根据地军民在毛泽东主席提出的“向一切被敌伪占领而又可能攻克的地方，发动广泛的进攻，借以扩大解放区，缩小沦陷区”的号召下，八路军主力部队和地方武装、民兵相结合，开始向日军发动大规模的进攻。

一、房山县委、县政府召开扩大会议与房山县区划调整

1945 年 3 月，房山县委、县政府在十渡村召开扩大会议，各区的区委书记、区长全部参加。会议的主要内容是按照中共平西地委有关扩大解放区的指示精神，研究如何根据抗战形势的发展，进一步拔掉房山、良乡境内的日伪军据点。会议决定，各区武装要协同作战，选择日伪军的薄弱环节进行攻击，先拔除孤立的小据点，再集中力量消灭大据点，展开一波以拔除据点为斗争重心的新攻势，进而不断扩大解放区。会议还决定，要壮大县、区武装，要在平原地区发展武装力量。

1945 年 3 月，房山县委、县政府迁至霞云岭村。1945 年 7 月，房山县委、县政府迁至南窖村。随着抗日根据地的巩固与扩大，以及游击区工作的顺利进展，为了进一步扩大根据地面积，房山县陆续开辟了新地区，辖区由原来的 4 个调整为 7 个。一区，蒲洼、霞云岭一带；二区，十渡、六渡、张坊一带；三区，南白岱、镇江营一带；四区，黄山店、长沟峪一带；五区，圣水峪、天开一带；六区，龙安、宋各庄一带；七区，南窖、北窖、南车营一带。后增设八区，羊耳峪、羊头岗一带。

二、县、区武装反击日伪军

1944 年 10 月撤销房涞涿联合县时，房涞涿联合县大队归属了涿县。1945 年 3 月的扩大会议后，中共房山县委开始着手县级武装的组建工作。1945 年 4 月 27 日，房山县支队成立，丁飞任队长，王再

田任政治委员，支队下设 3 个连队，分别驻在穆家口、王老铺、三流水一带。

从 1945 年春夏之交开始，房山县的县、区武装首先从房山县南部开始向敌人据点发起进攻，并决定先打击力量较弱的下庄据点。行动之前，中共房山县委书记王再田和三区区委书记邱绍明分析了下庄据点的地理位置和地形，以及附近据点可能的增援路线和兵力，由此制订出了较为详尽的行动计划。按照行动计划，武工队分别出动，先是将下庄据点四周的电线杆砍倒，让敌人无法与外界取得联系，然后派人埋伏在磨石山上，接着组织群众到据点外宣讲抗战形势，引诱敌人走出据点。据点里的敌人果然上了当，刚走出据点就进入了埋伏圈，最后丢下二三十具尸体仓皇逃窜。成功伏击下庄据点的敌人后，对其他据点的敌人也是一种极大的震慑。之后游击队又在石窝、惠南庄、三岔、水头等村积极活动，张贴标语，宣传抗日。后来，武工队又在下庄据点周围埋下了很多地雷，敌人不敢从据点出来，最后硬是被吓跑了。

与此同时，涿良宛联合县大队沿着平汉铁路频繁展开破交活动。这一地区紧贴平汉铁路，离敌人的几个大据点较远，是敌人统治的薄弱地区。涿良宛联合县大队经常与各村民兵一起趁着黑夜去扒铁轨，造成敌人运输瘫痪。

1945 年 5 月，200 余名日伪军分两路向上石堡村发起进攻，企图消灭上石堡村的党组织和民兵组织。民兵中队队长隗和常带领 20 多个民兵分为两组，一组埋伏在村北的大岭坨，一组埋伏在村南的南坡上。日伪军进村后，隗和常一声令下，两组民兵同时射击，打了敌人个措手不及。日伪军见势不妙，赶忙狼狈溃退。

三、七团连续攻克日伪据点

1945 年 1 月，在军分区的指挥下，八路军七团全力投入了扩大解放区的战役。3 月下旬，首先歼灭了斋堂据点的敌人。5 月，又参加了察南战役。之后部队经过短期休整，又参加了第二期作战，向房山、涞水、涿县的敌人发起了进攻。

1945 年 7 月初，在军分区司令员肖文玖、副政委李水清的指挥下，八路军七团从宛平县翻山来到房山县境内，并决定首先拔掉长操据点，击退河套沟的日伪军。

长操是房良河套沟的交通枢纽，日军依山修筑了碉堡，工事坚固，碉堡内有一个伪军中队驻守。7 月 11 日，七团三连、四连担任主攻，四连一面组织火力封锁，一面向岗楼挖了一条深沟，并将大批柴草运到岗楼下。之后指挥员开始向伪军喊话，劝其投降。伪军仍负隅顽抗，于是指挥员下令点火。顿时浓烟滚滚，烈火熊熊，火舌顺门而入，岗楼四处冒烟，呛得伪军无处躲藏，有五六个伪军冲出岗楼，想要向山上逃跑，立即被八路军战士击毙。最终伪军全部缴械投降，长操据点被攻克。

7 月 12 日，距离长操据点七八里远的红煤厂据点的日军慑于八路军的声威，偷偷丢弃了枪支弹药，放弃岗楼逃走了。

稍作休整后，七团战士又向南窖据点的伪军逼近。南窖据点是日军的一个重要据点，附近的安子、中窖、北窖等村有着丰富的煤炭资源。1939 年 6 月，日军为了达到“以战养战”的目的，以南窖据点为中心，疯狂抢夺这一带的煤炭资源。南窖村的北山梁上是日军的中心岗楼，中心岗楼四周还有许多小岗楼，由伪军把守。另外，日军在南窖附近的花港、北窖、安子等地都建有岗楼。七团指战员攻克长操据点后，首先拔掉了花港据点，打开了长操与南窖的通路，紧接着又拔掉了北窖、安子等据点。七团战士随即向南窖据点进发，并很快将南窖据点包围。南窖的岗楼十分坚固，七团为减少伤亡，决定围困日军，逼其缴械投降。可连围三天，日军仍不投降。后来河南据点的几十名日伪军前来增援，被七团战士在芝麻岭击退。夜间，七团战士向南窖据点发起攻击，先后拔掉了四周的伪军据点，只剩下了北山梁上日军驻守的岗楼，里边有六七十个日军。七团仍采取围而不打的战术，到第四天，日军没水没粮，又缺少弹药，在外围日军的接应下，狼狈地撤走了。不久，七团又攻克了孤山口据点。

7 月 11 日至 16 日，七团连续攻克了花港、安子、南窖、孤山口等据点。在七团强大攻势的威慑下，红煤厂、北窖、北峪、河北、河南、长沟峪、万佛堂等据点的敌人不攻自逃。

7 月 17 日，七团战士又以突袭的方式攻入了日军据守的房山县城。房山县城内驻有日军 40 余人，伪军一个大队，共约 200 人。城墙上筑有碉堡，县城内设有地堡，是一个比较完整的防御体系。七团决定由一连和三连分别从城西南角和西北角突击登城，四连担任警戒，防止周口店敌人的增援，侦察连布防在城东，防止良乡敌人的增援，预备队准备入城巷战。战斗开始前，七团战士在李水清的率领下秘密抵达长沟峪。7 月 17 日黄昏，七团从长沟峪出发，部队在前，民工在后。深夜 12 点，七团到达房山县城城墙下。三连按计划悄悄攀上西北角的城头，城上的哨兵发现八路军战士登城，慌忙地放了一枪后扭头就要跑，被三连一排的排长李玉击毙。这时正在北城岗楼里打牌的伪军听到枪声后慌忙向外射击，李玉指挥突击组向北城岗楼投掷了两颗手榴弹，敌人随即投降。随后，七团战士打开城门。与此同时，一连战士从西南角登城，也迅速向城内发起进攻。在七团战士的火力封锁下，日军只能龟缩在岗楼里。房山县伪保安联队副队长孔宪江带领一个中队想要投奔日军的岗楼，遭到三连战士的猛烈射击，孔宪江身受重伤，第二天死去。七团战士迅速占领伪县政府，打开敌人仓库，将枪支弹药、布匹、食盐、药品等物资运到城北。天亮前，所有部队撤出了县城。这次战斗共俘虏伪军 200 余人，缴获长短枪 50 余支、子弹千余发，以及电话机、布匹，食盐、药品等大批物资。

7 月底，七团围攻天开据点，驻天开据点的伪军中队队长康庆安打开栅栏，主动带领 80 余人投降。

至此，在房山、良乡两县，除房山、良乡两座孤城，以及琉璃河、张坊、塔照等据点外，其余地区全部解放。

第三节　抗日战争全面胜利

1945 年初，世界反法西斯战争接近最后的胜利，日军则在华北继续收缩兵力，以“确保城市交通要道与资源地区”。根据毛泽东主席关于努力向敌占区发展，扩大解放区的指示，抗日根据地组织军民向敌占区发起了最后的进攻。1945 年 8 月 15 日，日本裕仁天皇通过广播发表《终战诏书》，宣布无条件投降。

一、世界反法西斯战争走向胜利

1945 年上半年，苏、美、英盟军在欧洲对德、意法西斯取得了彻底的胜利，世界反法西斯战争的重心转向东方，日本法西斯陷于完全孤立的境地，可此时的日军仍计划进行所谓的“本土决战”。

从 1945 年 5 月开始，八路军、新四军根据中共中央“削弱日伪，发展我军，缩小敌占区，扩大解放区”的指导方针，开展了夏季攻势，并逐步取得作战主动权，开始实现由游击战转向运动战，为接下来转入全面反攻创造了条件。

1945 年 5 月 2 日，苏军占领柏林。7 月 26 日，波茨坦会议以宣言的形式发表了《中美英三国促令日本立即投降之波茨坦公告》，敦促日本立即无条件投降，可日本政府发表声明，对《波茨坦公告》不予理会。8 月 6 日，美国在日本的广岛投下第一颗原子弹。8 月 8 日，苏联对日宣战。8 月 9 日，美国在日本的长崎投下第二颗原子弹。8 月 10 日，蒙古人民共和国对日宣战。

二、对日最后一战

1945 年 8 月 9 日，毛泽东主席发表声明《对日寇的最后一战》，号召“中国人民的一切抗日力量应举行全国规模的反攻，密切而有效力地配合苏联及其他同盟国作战。八路军、新四军及其他人民军队，应在一切可能条件下，对于一切不愿投降的侵略者及其走狗实行广泛的进攻”。8 月 10 日，中共中央发出《关于苏联参战后准备进占城市及交通要道的指示》。与此同时，朱德总司令发布了关于受降和对日展开全面反攻的命令。中共中央和延安总部的指示和命令下达后，各解放区立即组织反攻大军，陆续发起了猛烈的全面反攻。

8 月 14 日，日本政府照会美、英、苏、中四国政府，表示愿意接受《波茨坦公告》。8 月 15 日，日本天皇裕仁通过广播发表《终战诏书》，宣布无条件投降。

9 月 2 日，日本政府在美国军舰密苏里号上正式签署了投降书。9 月 9 日，日本驻中国派遣军总司令官冈村宁次在南京签署了投降书。至此，中国人民取得了抗日战争的最终胜利。

三、房山县和良乡县的日军撤走

日本政府宣布无条件投降后，各地的侵华日军开始按照中国政府的指令放下武器，陆续撤退回国，盘踞在房山、良乡两县的日军也纷纷从各据点撤退。周口店、坨里这两个据点的日军先撤到了房山县城，之后与县城里的日军一起撤退回国。日军撤退时极其狼狈，张坊的日军只顾着逃命，军毯、军大衣等物资都丢在了岗楼里。撤退途中，日军一边走一边张皇四顾，有的甚至连帽子都跑丢了。张坊、塔照、长沟等地的日军先集中到琉璃河，之后乘火车撤走，良乡地区的日军则从良乡乘火车撤走。

第四节 抗战胜利的伟大意义

抗日战争是中国近代以来最伟大的民族解放战争，也是中国人民第一次取得完全胜利的民族解放战争。在此期间，房山人民为抗击日本侵略者做出了巨大贡献。

一、抗战胜利是中国共产党领导中国人民取得的伟大胜利

中国共产党之所以能够在夺取抗日战争胜利中起到决定性的作用，是因为其在之前的国内革命战争中既积累了成功的经验，也有失败的教训。中国共产党科学地总结了这些经验和教训，在政治上和思想上破除了教条主义束缚，能够独立自主地把马克思列宁主义普遍原理同中国革命的具体实践结合起来，把共产主义理想和争取抗日战争胜利的现实目标结合起来，把国际主义和爱国主义结合起来，并据此制定出符合中国革命实际的路线、方针和政策。在以毛泽东同志为首的党中央领导下，中国共产党不断加强和重视自身建设，充分发挥共产党员的先锋模范作用和党组织的战斗堡垒作用，克服重重困难，从而赢得了抗日战争的最终胜利。

中国人民的抗日战争是人类战争史上的奇观，是中华民族的一大创举。抗日战争是中国人民百余年来在反对帝国主义侵略斗争中规模最大，且第一次取得完全胜利的民族解放战争。抗日战争的胜利极大地推进了中国革命的历史进程，为中国民族民主革命的彻底胜利奠定了坚实的基础。房山、良乡地区抗日战争的胜利是全国抗日战争胜利的重要组成部分，房山、良乡地区的人民在抗日战争期间做出了重要贡献，同时也得到了极大的锻炼。在这场反法西斯侵略的正义战争中，房山、良乡地区的人民深深地认识到只有伟大的中国共产党才能拯救中国、建设中国，才能带领中国人民走上和平、民主、富强、幸福的康庄大道。

二、伟大抗战精神永远激励中国人民勇往直前

中国人民在抗日战争的壮阔进程中孕育出伟大抗战精神，这是中国人民弥足珍贵的精神财富。

2020 年 9 月 3 日，习近平总书记《在纪念中国人民抗日战争暨世界反法西斯战争胜利 75 周年座谈会上的讲话》中指出："中国人民在抗日战争的壮阔进程中孕育出伟大抗战精神，向世界展示了天下兴亡、匹夫有责的爱国情怀，视死如归、宁死不屈的民族气节，不畏强暴、血战到底的英雄气概，百折不挠、坚忍不拔的必胜信念。伟大抗战精神，是中国人民弥足珍贵的精神财富，将永远激励中国人民克服一切艰难险阻、为实现中华民族伟大复兴而奋斗。"

全党、全军、全国各族人民要更加紧密地团结在以习近平同志为核心的党中央周围，大力弘扬伟大抗战精神，向着中华民族伟大复兴的光辉彼岸奋勇前进。

三、房山军民的抗战是伟大抗战精神的充分展现

抗日战争期间，据不完全统计，房山、良乡两县有 2540 人惨遭日军杀害，有 14 668 间房屋被烧毁。此外，有 1760 名房山儿女参加八路军，其中有 480 人献出了自己宝贵的生命，房山人民用鲜血和生命谱写了悲壮的反侵略战争的胜利史诗。

第一，房山军民的抗战充分展现了天下兴亡、匹夫有责的爱国情怀。以身许国、精忠报国是抗战英雄最鲜明的品质，面对民族的生死存亡，房山军民以誓死不当亡国奴的民族自尊，挺身而出，共赴国

难。在平西抗战中牺牲的宣涿怀联合县县长佟旭野、中共房涞涿联合县七区区委书记晋耀臣、涞涿联合县四区区长陈琳、昌宛县联合县一区组织员安玉阁等，都表现出了共产党人的革命英雄气节。

第二，房山军民的抗战充分展现了视死如归、宁死不屈的民族气节。日本侵略者以惨绝人寰的手段对待房山军民，企图以屠杀和死亡让房山的抗日军民屈服。面对侵略者的屠刀，房山军民用血肉之躯筑起新的长城，人人抱定必死之心，在侵略者的炮火中奋勇前进，在侵略者的屠刀下英勇就义，彰显出中华民族威武不能屈的浩然正气。

第三，房山军民的抗战充分展现了不畏强暴、血战到底的英雄气概。毛泽东主席曾说过：我们中华民族有同自己的敌人血战到底的气概，有在自力更生的基础上光复旧物的决心，有自立于世界民族之林的能力。抗日战争期间，面对日本侵略者的一次次“扫荡”和残酷的“三光政策”，房山军民没有屈服，而是不断集结起队伍，前仆后继，顽强抗争，誓与侵略者血战到底，奏响了房山抗战的英雄凯歌。

第四，房山军民的抗战充分展现了百折不挠、坚忍不拔的必胜信念。无论条件多么艰苦，无论战争多么残酷，无论牺牲多么巨大，房山军民抱定了抗战到底的信念，坚持抗战，持久抗战，终于打败了凶残的侵略者，赢得了抗日战争的最后胜利。

第六章　抗战群英谱

中华民族有着同敌人血战到底的英雄气概，有着为国家和民族利益不怕流血牺牲的伟大奉献精神。抗日战争时期，英雄的中华儿女在十渡、蒲洼、霞云岭的土地上谱写出了一曲曲英雄的赞歌。

第一节　英雄团体

中国共产党高举全民族抗战的伟大旗帜，指引着抗战胜利的方向。党的各级组织充分团结各阶层的抗战力量，凝聚起一个个坚强的战斗堡垒，为打败日本侵略者，为保护人民群众的生命财产安全，谱写了一个又一个可歌可泣的革命斗争故事。

一、南岭阻击战

日军对十渡抗日根据地进行“扫荡”时，马安村的村民在当地党组织的领导下实行了坚壁清野。为了防备日伪军的突然袭击，村里派民兵在村口的各个交通要道上布置了隐蔽哨，一有情况，哨兵便会立即敲响铜锣，通知乡亲们迅速转移。

1940 年底的一天清晨，天刚蒙蒙亮。突然一阵急促的锣声把众人从睡梦中惊醒。当时驻扎在马安村的冀中十分区三十二团立即派出一个排的战士到南村口的南岭去阻击日伪军，其余战士护送村民迅速撤离。

南岭位于马安村村口的大路东侧，在两座小山中间的一个小山坳中，南面斜对着马路，是一个很好的伏击点。八路军战士们赶到南岭的时候，日伪军眼看就要通过这里，马上就要进入村庄了。战士们来不及修筑战壕，凭借着天然掩体，与日伪军展开了激烈的枪战。日伪军被突如其来的枪声吓了一跳，开始纷纷逃窜，此时日军指挥官发现只是一小股八路军，赶忙下令让部队进行还击，随后又发起了冲锋。

八路军战士所在阵地的前面是一处悬崖，战士们居高临下，占据着有利地形，因此日伪军的几次冲锋都无功而返。气急败坏的敌人开始向八路军战士的阵地疯狂射击，顿时一阵黄土飞扬。

随着战斗的深入，八路军战士的伤亡不断增加。此时村里的群众和部队都已安全转移，阻击任务胜利完成，八路军战士开始准备撤退。可就在这时，阵地后方突然响起了枪声，好几个战士应声倒下。原来是一个汉奸领着日伪军从阵地后面的墓安沟包抄了上来。情况危急，八路军战士背腹受敌，撤退是不可能了，他们只得伏下身子，继续与敌人战斗。

图 6-1　南岭阻击战遗址

战斗一直进行到中午，直到最后一名战士也牺牲了，南岭的枪声才停止。一个排的八路军战士，为了保卫人民群众的生命安全，献出了自己宝贵的生命。这一个排的八路军战士没有留下任何遗物，甚至连名字都没有留下，马安村的村民将他们的遗体掩埋在了他们战斗过的地方。

新中国成立后，马安村的人民没有忘记这些英雄，每逢清明节，村民们都会在墓地摆满鲜花和花圈，让烈士们在九泉之下接受马安人民对他们的深深敬意。

图 6-2　南岭阻击战纪念亭

二、赵楷英雄排

1941 年 8 月，日伪军兵分 13 路向晋察冀边区的北岳区和平西抗日根据地大举发动进攻，妄图摧毁八路军主力部队和党政机关。8 月 13 日夜，日军出动步兵、骑兵和炮兵 3000 余人，加上伪军 1000 余人，兵分 4 路向十渡、西庄和前石门、后石门等村发起进攻。为了掩护党政机关、主力部队、医院及后勤人员安全转移，八路军九团二营的一个加强排负责在八里塘对敌人进行阻击。

加强排的排长赵楷率领 30 余名战士连夜登上了八里塘南侧的山

坡，经过一夜埋伏，终于在拂晓时刻，日伪军进入了埋伏圈。赵楷一声令下，子弹如雨点般射向敌人。之后日伪军组织了几次冲锋，都被八路军打退。日伪军不甘心失败，又重新组织更大的火力，发起了强攻。当日伪军再次靠近阵地时，赵楷大喊一声，加强排的战士们纷纷冲出阵地，与日伪军展开了肉搏。就这样，加强排的战士们先后5次打退了日伪军的进攻。之后日军用无线电请求了飞机支援，可因山高谷深，轰炸机不能进行俯冲投弹，只得从高空投弹，八路军的阵地被炸得一片狼藉，加强排全排战士壮烈牺牲。

此次八里塘阻击战共进行了3个多小时，毙伤日伪军百余人。赵楷率领全排战士以英勇顽强、不怕牺牲的战斗精神，不仅为主力部队、党政机关和广大人民群众的安全转移赢得了宝贵时间，还彻底粉碎了日伪军妄图摧毁八路军主力部队和党政机关的阴谋。

三、老帽山六壮士

1943年4月中旬，300多日伪军携带轻重机枪和迫击炮从霞云岭一带越过百草坨，经马安村向十渡村袭来。此时，房涞涿联合县委的党政机关、冀西二十七团团部和一个新兵连，以及冀中十分区的银行、印刷所、兵工厂、医院，还有二区区公所都驻扎在十渡及附近村庄。

4月13日傍晚，房涞涿联合县政府和冀西部队接到日伪军前来进犯的情报后，县长郝绍尧立即组织机关工作人员西撤，并发动群众坚壁清野，县武装部组织民兵帮助各机关转移物资。冀西二十七团派出一个排、两个班埋伏在老帽山北侧的山腰，另派出一个班埋伏在东北面的一处隘口，时刻做好阻击日伪军的准备，为掩护主力部队、党政机关和群众安全转移争取时间。

第二天拂晓，日伪军沿着山谷小溪从马安村方向袭来。当日伪军进入射程后，早已埋伏多时的八路军战士一齐向敌人射击，战斗持续了两个多小时。当八路军战士完成预定的阻击任务准备撤离阵地时，不料背后响起了枪声，原来是有汉奸指引着日伪军的一个小队爬上了八路军阵地后面的制高点。八路军战士受到两面夹击，只得且战且退。经过一番激战，6 名战士宁死不屈，义无反顾地怀抱枪支跳下悬崖，壮烈牺牲。

图 6-3　老帽山阻击战遗址

日伪军撤退后，当地群众将 6 位战士的遗体安葬在了村北的老帽山上。1984 年 2 月 26 日，共青团房山县委和十渡乡委、乡政府共同支持修建了老帽山六壮士纪念亭，表达了十渡人民对抗日烈士的怀念之情。

四、抗日模范村马安村

1940 年秋，抗日战争进入十分艰苦的阶段。日伪军兵分 12 路对平西抗日根据地进行“大扫荡”，其中一路从涞水的石亭出发，向十渡、马安、蒲洼一带袭来。马安村的村干部带领村民克服了重重困难，以最快的速度将 18 万斤粮食坚壁了起来，还将房良联合县政府的文件，以及《房山县志》《良乡县志》等资料掩藏在了叉胡同南嵲根的地穴里，同时还将冀中十分区部队的 44 名伤员安全转移到了西戍片的深沟里。

马安村东山有一处石梯，是一条重要通道，房良联合县委、县政府的领导到一区开展工作时都要通过这里。为了阻断一区与房良联合县委、县政府的联系，一区事变的叛匪在马安村的东山上建立了康尔栈据点，不仅监视通过石梯的所有行人，还监视马安村的一举一动。中共房良联合县委决定派三区游击队攻打康尔栈据点，三区游击队通过多次侦查，发现康尔栈据点地形险峻，易守难攻。考虑到马安村的干部对当地的地形更为熟悉，中共房良联合县委便把此次消灭敌人据点的任务交给了马安村党支部。马安村党支部接到任务后，对康尔栈据点进行了仔细的侦查，随后确定了进攻路线，并决定夜间偷袭。

当时康尔栈据点的叛匪只有 3 人，马安村村长刘德忠带领 9 人组成的临时游击队摸黑爬了好几个小时，悄悄包围了叛匪的院子，并最终将 3 人活捉，成功端掉了康尔栈据点。

图 6-4　康尔栈据点遗址

1941 年 8 月 13 日，日伪军兵分 13 路向晋察冀边区的北岳区和平西抗日根据地大举发动进攻。8 月 28 日至 10 月 4 日，日军分别在西庄村和王老铺村建立据点，并分别在十渡村和六渡村留兵驻守，妄图在此处长期盘踞。驻守在西庄据点的日军派汉奸到各村送信，要求各村给日军送粮送款，否则就要将全村的村民杀害。马安村的村长刘显彬收到信后立即召集党员开会进行研究，并最终决定宁可让敌人进村洗劫，也坚决不当亡国奴，要抗战到底，决不资敌降敌，同时做好坚壁清野工作。第三天拂晓，日军在汉奸的带领下向马安村袭来，由于大多数群众早已转移，日军扑了空，既抓不到村干部，又抢不到粮食，敌人便气急败坏地挨家放火，共烧毁房屋 470 余间，杀害村民 13 人。

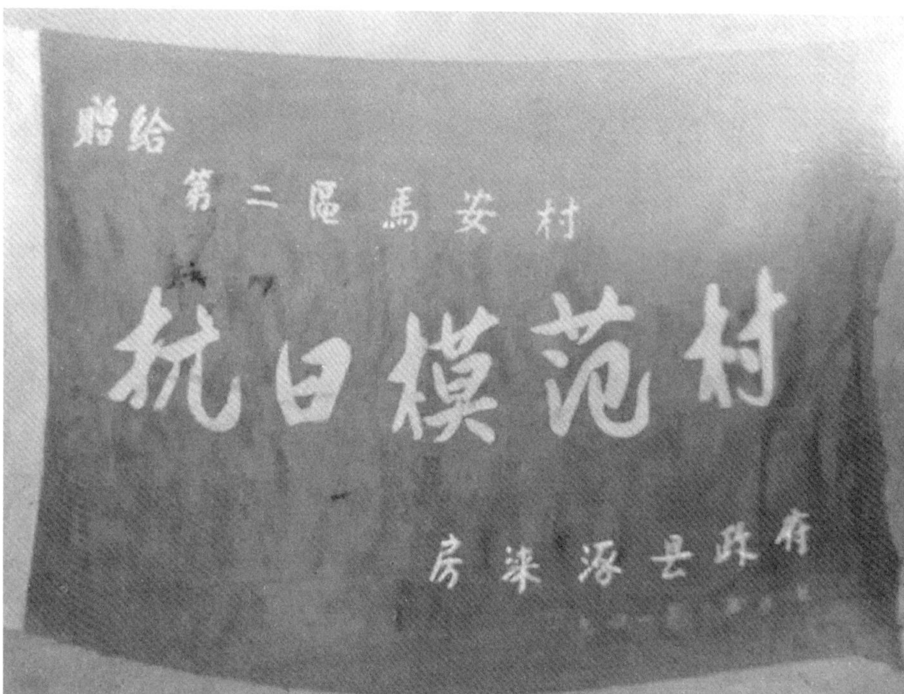

图 6-5　抗日模范村马安村

为了表彰马安村党员干部和群众的先进事迹，1941 年秋，房涞涿联合县政府在西庄村村口的龙王庙召开授奖大会，县长王天瑞亲自将绣着“抗日模范村”的锦旗交给了马安村代理村长刘占臣。这是在反“扫荡”中房涞涿抗日根据地涌现出的第一个抗日模范村。

五、抗日模范村平峪村

1940 年秋，日军对十渡地区进行了“大扫荡”，平峪村的村干部组织村民将 400 多支步枪、4 台石印机、500 余套军装、4 万余斤粮食，还有铁工厂的各种机械和弹药都坚壁了起来，敌人在平峪村搜查了一天，结果什么物资也没有找到。冀中十分区的领导从外线作战回来，看到各种物资无一丢失，非常欣喜，并对平峪村的工作给予了高度赞扬和鼓励。1941 年，平峪村被评为房涞涿抗日模范村。

第二节　英雄个人

中华民族有着反抗侵略的光荣传统，面对日本帝国主义的侵略和残暴行径，中国共产党毅然举起全民族抗战的伟大旗帜，中共党员在反抗日本侵略的伟大斗争中，前赴后继，不怕牺牲，为捍卫中华民族的利益做出了伟大贡献。

一、于进琛等人宁死不屈

1940 年 12 月 11 日傍晚，叛匪头子杨大金得到汉奸和叛徒的密报，带领 30 多名伪军到上石堡村抓住了村党支部书记于进琛和党员干部李福贵、王兴云、解景琛等人，并将 4 人押到了南窖据点。

到了南窖据点以后，敌人先是让于进琛等人写投降书，并表示只要写了投降书就可以放了他们，于进琛等人不仅一口回绝，还把敌人拿去的纸撕碎、笔摔断。敌人恼羞成怒，开始对于进琛等人施加酷刑。尽管如此，于进琛等人依旧坚决不肯写投降书。敌人又用烧红的烙铁贴在四人的脸上、身上，四人虽疼得彻心彻骨，但仍然拒绝写投降书。这时，一个日军指挥官让人拉来了几条狼狗，表示再不投降就要放狼狗咬他们。于进琛忍着剧痛睁开双眼，怒视着敌人破口大骂，吓得几个日伪军后退了好几步。最终，气急败坏的敌人放出狼狗，上石堡村的 4 名党员英勇就义。

1946 年，上石堡村修建了民族之光烈士墓。于进琛等人宁死不屈、大义凛然的英雄气概和革命气节，展现了上石堡村民永远跟党走的革命意志和顽强的斗争精神，他们的英名将彪炳史册，永留人间。

房山县一区上石堡碑记

盖间，投身成仁，君子义举，民族之光，我抗日干部也。上石堡村于进琛、解景琛、李福贵、王兴云等民众干部，决心抗战复仇血耻，不负重望。但日寇逆行，野心未退，攻入南窖，建立据点。杨万方不意与李满存、李满金、李满祥等逆行反水，勾结敌伪，故将于进琛捕去，无畏牺牲。爱国同胞，众志成城，幸有八路军坚持抗战，日寇悉数投降，独立自由富强之新中国已和平实现。毛主席宽大政策，李满存等已坦白训过，自愿建立坟墓。作为英勇逝世干部，名流千古，复仇齐痛哉，牺牲之苦也，美哉名流存。攸为：民族之光。

杨绍培序

于房山县一区上石堡村

二、隗合任英勇就义

1939 年 11 月，日伪军到上石堡村进行“扫荡”。由于有了之前伏击战的胜利经验，上石堡村的民兵中队队长隗合任带领民兵在山上做好埋伏，准备再打一场伏击战，阻击进犯的日伪军。但日伪军凭借精良的武器装备和良好的战术素养，加之双方力量悬殊，此次伏击战以失败告终。

隗合任为了掩护战友撤退，不幸落入敌手。日军想要从隗合任嘴里得到更多信息，因此将他押到了南窖据点。此后，隗合任受尽了敌人的各种残酷刑罚，但他始终没有屈服。最终，气急败坏的敌人放出一条狼狗将隗合任活活咬死。就义时，隗合任年仅 29 岁。

三、红色采购员李和

李和是二区合作社的一名采购员，他开拓了南、北两条地下商品流通渠道。在地下党组织的掩护下，合作社首先在仅距日伪军重点驻地——张坊北约 2.5 公里处的下寺村暗设了地下商品转运站，之后又在位于日伪占领区的南尚乐村建立了与长沟以西一带商贩通商的地下联络点。

1941 年 11 月 1 日至 12 月 25 日，日军进行了第三次“治安强化运动”。日军出动大量汉奸、特务进行明察暗访，加强各据点对抗日根据地的封锁，切断平西抗日根据地的地下商品流通线，禁止一切生活必需品流入抗日根据地。与此同时，日军组织合作社向解放区推销化妆品、大烟之类的消耗品，大量掠夺抗日根据地的钱财，日军还经常组织特务人员到解放区抢夺山货、财物。其间，一份包括李和，以及他负责联系的外线商人的名单落入了日伪军的手里。

1942 年 5 月 26 日下午，李和赶着一头毛驴来到下寺村驮盐。次日拂晓前，李和背着超负荷的食盐，赶着毛驴出村上了路。此时，日伪特务已在村外设伏，当李和行至村西三岔路口时，突然有日伪特务向他喊话，李和顿感情况不妙，急忙侧身向北坡冲去，可已经来不及了，当即身中三弹，倒在了血泊之中。日伪特务急于逼问口供，匆忙地给李和包扎了伤口，又进村抓来了几个群众，让他们用门板将李和抬到村东的马房河沿儿。行至半路，李和因流血过多，壮烈牺牲，年仅 35 岁。第二天夜，西关上村的中共地下党员在下寺村地下党组织的协助下，将李和的遗体连夜送回了西关上村。

图 6-6　李和的革命烈士证明书

四、晋天常为掩护战友壮烈牺牲

一日，南窖据点的日伪军得到情报，昌宛房联合县六区的干部正在龙门台村召开重要会议，敌人随即向龙门台村进犯，妄图一举歼灭开会的六区干部。

日伪军即将到达龙门台村村口时，被放哨的民兵发现。民兵赶紧通知了正在开会的六区干部，众人立即纷纷撤离。六区贸易局局长晋天常和区干部张成英一起向堂上村方向撤离，当他们通过一片树林时，二人不慎走散，只得分别朝着不同方向撤离。一阵猛跑后，晋天常发现身后渐渐没有了敌人追赶的声音。此时，晋天常担心张成英被敌人抓住，于是他顺原路向龙门台村方向赶去。

张成英在与晋天常撤离时，慌乱中跑错了方向，向南进入了大地港村的西沟谷里，之后他翻过峭壁，顺着西太平方向成功撤出了危险区。此时，回来寻找张成英的晋天常开始向两人跑散的地方靠近。他边走边四处搜寻，走走停停，找了两个多小时。而一路追来的敌人由于对地形不熟悉，走进树林后也迷失了方向，在树林里转了三四个小时。就在这时，晋天常正巧与日伪军相遇，他刚想要钻入树林深处，却被一拥而上的敌人团团围住，之后被敌人押回了龙门台村。后来，敌人在龙门台村对晋天常连夜审问，还把他打得遍体鳞伤，逼他说出六区干部的去向，可晋天常始终咬紧牙关。整整一夜，晋天常一点信息也没有透漏给敌人。第二天，恼羞成怒的敌人用刺刀将晋天常杀死在了龙门台村村口。

五、抗战诗人陈辉

陈辉，原名吴盛辉，1921 年出生在湖南省常德县（今常德市）的一个商人家庭。2 岁时，陈辉的父亲去世，他的母亲带着他和两个姐姐漂泊于常德城乡，受尽富人的压迫和欺辱，一家人在艰辛的生活路途上拼命挣扎。1933 年，陈辉考入湖南省立常德中学。1937 年，陈辉加入中国共产党。全民族抗战爆发后，湖南省国民党当局把全省的高中学生集中起来进行军训，合格后发给毕业证书。17 岁的陈辉不愿接受名曰抗日、实则反共的训练，于 1938 年毅然辞别了母亲和养育他的江南故土，跋涉千山万水来到革命圣地延安。在延安中国人民抗日军政大学，陈辉学习革命理论，参加生产劳动，进行军事训练，使得自己的视野更宽阔，意志更坚强。

图 6-7　陈辉

1939 年，陈辉来到晋察冀抗日根据地，在通讯社当记者，曾在《晋察冀日报》等报刊上发表了多篇表达爱党、爱国、爱人民的诗作。1940 年秋，陈辉响应党的号召，来到了抗战斗争最艰苦的平西地区，担任涞涿联合县青年抗日救国会宣传员。1941 年，陈辉担任了房涞涿联合县青年救国会主任，之后他曾组织举办了两期青年干部训练班，培养了200多名抗日青年骨干。

陈辉是战士，在艰难困苦的斗争环境中，他积极发动群众，热情宣传抗日，勇敢组建抗日武装，积极建立地方抗日政权，狠狠打击日本侵略者，坚决清除汉奸恶霸，敢于斗争，英勇无畏。陈辉是抗战诗人，在生与死的洗礼中，他写下了一万多行诗句，以诗为寄托，热情讴歌伟大的祖国和勤劳的人民，以诗为武器，奋力鞭笞法西斯的野蛮侵略暴行，以诗为号角，歌颂共产党人的革命意志与高尚情怀。后来，陈辉的诗篇被编为《十月的歌》，其中《为祖国而歌》等3首诗篇入选了著名诗人萧三主编的《革命烈士诗抄》，几十年来被广为吟咏，教育了一代又一代青年人。

著名诗人田间曾高度评价陈辉：陈辉是十月革命的孩子，他手上拿的是枪、手榴弹和诗，他年轻的一生完全投入了战斗，为人民、为祖国、为世界写了一首崇高的赞美词。马安村的老党员刘占职当年曾与陈辉朝夕相处，共同生活，共同战斗，他从心底里敬佩陈辉，对于过去的那些斗争岁月，刘占职至今记忆犹新，难以忘怀，他说："陈辉真有本事，能打仗，会写诗，能吃苦，不怕死，有勇有智又有谋。陈辉喜欢穿一件蓝布长衫，他把长衫的衬里扯下一块，在胸前缝了一个大口袋，里面装着他的书稿。陈辉非常勤奋，一有空就坐下来写作，有时还念给我们听。有情况时，他把书稿塞进口袋里起身就走，陈辉的文章都是这样写下来的。"

1945年2月8日，由于叛徒告密，陈辉等人被日伪军围困在了韩村的一户老百姓家里。100多名日伪军将院子团团围住，陈辉和一名战士拼死抵抗，不断还击，战斗持续了一个多小时。此时，气急败坏的日伪军揭开房顶，将点燃的玉米秸扔了进去，陈辉和那名战士的衣服和头发都烧着了。只听陈辉大叫一声，随即冲到了院子里，敌人赶忙围拢过来将他死死抱住。陈辉用尽全身力气拉响了挂在腰间的手榴弹。随着一声巨响，陈辉倒在了血泊之中。

年仅 24 岁的无产阶级革命战士、党和人民的好儿子、才华横溢的诗人陈辉，为中华民族的解放事业流尽了最后一滴血。

六、晋耀臣英勇就义

晋耀臣，名显枢，字耀臣，1916 出生在房山县蒲洼乡蒲洼村。年少时在村中读私塾，后回家务农。1939 年参加革命。同年 4 月，晋耀臣到平西专署在涞水县峨峪村举办的党训班学习。同年 6 月，晋耀臣被分配到房良联合县三区任区委书记、农救会主任。1940 年 6 月，晋耀臣被调到房良联合县七区开展工作，后被任命为区委书记。同年底，晋耀臣被调到房良联合县一区任区委书记。1941 年 6 月，房良联合县与涞涿联合县合并，成立房涞涿联合县。房良联合县一区改为房涞涿联合县九区，晋耀臣任房涞涿联合县九区区委书记。1943 年 10 月，晋耀臣被调到房涞涿联合县七区任区委书记。

1944 年 4 月，晋耀臣到郑家磨（又叫马家磨）村开展工作。由于叛徒告密，敌人很快包围了晋耀臣的住地。晋耀臣和两名武工队队员从后墙跳出，敌人拼命追赶。晋耀臣看情况紧迫，便对武工队队员说："你俩赶紧往西跑，我在后边掩护！"两名武工队队员随即向西面的山区跑去。敌人一路紧追，晋耀臣预感到已无法逃脱，便在郑家磨村的桥头上摔碎了盒子枪，撕碎了随身携带的文件并扔入河里，准备与敌人拼死抗争。可终因寡不敌众，晋耀臣落入敌手。中共房涞涿联合县委得知晋耀臣被抓的消息后，曾想方设法营救，但都未能成功。

后来，敌人将晋耀臣送去了石亭。一路上，晋耀臣受尽了敌人的折磨，但他英勇顽强，宁死不屈，对日伪汉奸怒斥不止。晋耀臣被敌人送到石亭后，继续以绝食、绝水的方式与敌人做斗争。恼羞成怒的敌人开始对晋耀臣施行各种酷刑，手段极其残忍，最终将他推入山坡下的深坑中活埋。年仅 28 岁的晋耀臣在敌人惨无人道的迫害下从容就义，壮烈牺牲。晋耀臣视死如归、宁死不屈的革命精神，显示了共产党人的坚强意志和崇高气节。

七、侦察员崔洪林

在霞云岭乡四马台村花树港沟口的一个小山脚下，有一座庄严肃穆的小型烈士墓，掩埋着八路军侦察员崔洪林烈士。

1938 年 10 月，为了了解霞云岭一带土匪的活动情况，八路军某部派侦察员崔洪林和李其山进行化装侦察。在四马台村时，由于口音不同，二人被村子里的土匪看出了破绽。当晚，土匪密谋要活捉他俩。第二天，崔洪林和李其山从四马台村出发，准备到龙门台、庄户台一带继续了解情况。二人转过一道山弯后，刚走到四马台村的大青山口就被多名土匪包围了。崔洪林小声地对李其山说："不要慌！我们先假装投降，等敌人靠近了，我开枪射击掩护你出去。如果我走不了，你就赶快跑，出去后向首长报告这里的情况。"李其山急忙说道："我岁数比你大，还是我掩护你！"崔洪林瞪了李其山一眼，然后严肃地说："都这个时候了还争什么，就按我说的办！"之后在崔洪林的掩护下，李其山趁机从大青山口跑了出去。

后来，崔洪林与土匪进行了激烈的交锋。崔洪林的子弹打光后，他将盒子枪用石头砸碎，坚决不把武器留给土匪。此时，土匪头子李万金端着步枪绕到崔洪林身后，对准崔洪林开了枪。年仅 17 岁的崔洪林没有丝毫防备，当场倒在了血泊之中，壮烈牺牲。

崔洪林牺牲后，四马台村的群众凑钱给他买了棺木，将他的尸体装殓后安放在了一个山洞里。1940 年，四马台村党支部和抗联在花树港沟口给崔洪林修建了烈士墓，将棺木正式安放在了那里。1984 年，霞云岭乡团委和四马台村团支部一起重新修葺了崔洪林烈士墓，并在墓地四周植上了树，之后还经常在崔洪林烈士墓前对党团员、青少年进行革命传统教育。

八、战斗英雄隗合宽

1939 年 4 月，日军建立了南窖据点。为了打击南窖敌人的嚣张气焰，游击队队长隗合宽带领 5 个民兵，揣着 2 颗手榴弹，走了 20 多公里的山路，来到南窖村的西山梁。天黑后，隗合宽带领民兵下山，进入南窖沟，很快就来到了黄土梁伪军的岗哨跟前。黄土梁岗哨位于通往南窖据点的咽喉要道，有十几名伪军看守，屋内设有一部电话机。伪军认为晚上不会有什么情况，就放松了戒备，没有人站岗值班，全都在屋里打牌、吃喝。隗合宽高举手榴弹，一个箭步冲进了屋。伪军被这突如其来的场面吓呆了，5 个民兵也迅速冲进屋里，收缴了伪军的枪械。隗合宽将手榴弹往腰上一掖，随即从腰间拔出匕首，割断了屋里的电话线，摘走了电话机。从黄土梁岗哨出来后，隗合宽带领民兵又相继摘掉了南窖下站、上站岗哨的电话机。

此次行动，隗合宽等人共摘掉敌人 3 部电话机，缴获手枪 1 支。当天夜里，隗合宽派人将 3 部电话机和 1 支手枪交到了区政府，并汇报了相关情况。

3 天后，隗合宽带领民兵摸进了南窖日军据点，摘掉了敌人 3 部电话机，并交到了区政府。

在此后不到半年的时间里，隗合宽等人先后摘掉了日伪军 14 部电话机，缴获了 20 多枚手榴弹，收割了几百斤电话线。

1942 年 7 月，在晋察冀军区召开的战斗英雄代表会上，军区司令员奖给隗合宽一匹白马、一支盒子枪，并授予他“民兵英雄”称号。

第七章　弘扬伟大抗战精神

在抗日战争的壮阔进程中，中国人民向世界展示了天下兴亡、匹夫有责的爱国情怀，视死如归、宁死不屈的民族气节，不畏强暴、血战到底的英雄气概，百折不挠、坚忍不拔的必胜信念，铸就了伟大抗战精神。伟大抗战精神永远是激励中国人民克服一切艰难险阻、为实现中华民族伟大复兴而奋斗的强大精神动力。

第一节　抗战纪念碑刻

不忘初心、牢记使命。房山各级党委、政府和广大党员干部群众始终铭记先烈事迹，继承先烈遗志，弘扬抗战精神，传承红色血脉，抗战英烈的斗争精神永远激励着房山人民为实现中华民族伟大复兴而努力奋斗。

一、平西抗日烈士纪念碑

1985 年 9 月 18 日，在纪念抗日战争胜利暨世界反法西斯战争胜利 40 周年之际，为了缅怀抗日战争期间在平西牺牲的烈士，同时也为了更好地对子孙后代进行爱国主义和革命传统教育，经房山县第七届人民代表大会常务委员会第十三次会议讨论通过，接受平西抗日斗争史编写组的委托，决定在房山县十渡乡卧龙山上修建平西抗日烈士纪念碑。纪念碑的正面镌刻着冀热察挺进军司令员萧克亲手写下的 16 个金色大字——抗日战争在平西牺牲的烈士永垂不朽。纪念碑背面的碑文是延安时期的老作家苗培时创作的，约 1200 字，碑文由书法家金寄水书写，碑文内容如下：

平西抗日根据地，即房山、宛平、良乡、涿县、涞水、昌平、怀来、涿鹿、蔚县、宣化、阳原、怀安十二县之境。广袤千里，京华屏障，万山叠翠，千水奔流。民风朴实敦厚，物产丰富多姿。此平西地理形势之胜也。

考房山乃北京猿人之故乡，人类文明发祥之地。涿鹿乃黄帝与蚩尤交战之区，为中华民族融合之始。自燕而下，经辽、金、元、明、清，以迄近代民国，建国都于斯土。人文荟萃，已逾千年。此平西历史之悠久也。

“五四”运动后，中国共产党建立。长辛店“二七”大罢工，产业工人登上政治舞台。平西人民反封反帝斗争不时爆发。卢沟桥“七七”抗战肇兴，东亚睡狮昂首觉醒。此皆我党领导之力也。

“九一八”沈阳事变，蒋党政府不事抵抗，开门揖盗，折栏引狼，置国家民族于不顾，致使东北沦陷，热河丧失，长城不守，内蒙危急。先“塘沽协定”，承认伪满政权，继“何梅密约”，冀察两省变色。蒋介石倒行逆施，高唱“攘外必须安内”，亲率百万大军，“围剿”红区，大打内战。螳螂捕蝉，黄雀在后，亡无日矣。四亿同胞，痛心疾首，涕泣呼号：停止内战，一致对外。

当此祖国危难之秋，民族存亡之日，中国共产党振臂挺身，挽狂澜于既倒，扶大厦于将倾，发表“八一宣言”，呼吁全国各党，为祖国而战，为民族而战。善处“西安事变”，合则兴，分则亡，大势所趋，第二次国共合作，逐日形成矣。

卢沟炮响，日寇抱亡华之心；倾巢出犯，大举入侵。二十九军奋起抗战，浴血杀敌，为保卫国土，付出重大牺牲。终因孤军无援，平津两市陷于敌手。华北政权，土崩瓦解。半壁河山，非我所有矣。八路军挺进敌后，直抵平西，建立抗日根据地，此乃中国共产党伟大战略之措施，持久抗日之部署。平西巩固，利于坚持冀东，开展平北，保卫北岳。东可威胁北平，北可控制察绥。扬鞭长城内外，策马燕山峻岭，指日挥戈，光复东北。平西根据地之重大作用明矣。

日寇视之，犹如利刃穿心，目中生刺。军事残酷“扫荡”，政治引诱分裂，经济严密封锁，文化强化殖民，恨之入骨，极尽野蛮一意毁灭之。

平西人民向有燕赵慷慨悲歌之遗风，深明爱国保家之大义。在我党领导下建成抗日民族统一战线。军民一心，党群一德，骨肉团结，同仇敌忾，无分老壮，何论妇孺。为国家而捐躯，前仆后继；为民族而献身，裹尸沙场。吃糠咽菜，奋战日日夜夜；屡遭屠戮，经过雨雨风风。抗住“三光”残杀，度过艰苦岁月。红旗挺立，飞舞在北平城周；抗日枪声，响彻在香山脚下。日寇望之，动魄惊心；奸伪闻之，魂飞胆丧。方知中国人民之不可战胜也。

图 7-1　平西抗日烈士纪念碑

抗日已往，社会主义正建，四化方兴，国运日益昌盛。忆当年抗日战场，有名英雄可标之青史，百世留芳；而无名英雄何止万千，昔日领导诸老，皆已皓首。耿耿于怀，久宿此愿。树碑于房山十渡卧龙山之阳，拒马河千里碧流之畔。借以表彰忠烈，缅慰英灵。述诸儿孙，砥砺后世。继往开来，发扬光大。英雄忠骨皆芳草，烈士鲜血沃红花。是为记。

房山县人民代表大会常务委员会

一九八五年八月十五日

二、大安山抗日烈士纪念碑

1946 年 3 月 8 日，房山县大安山、元港、中山、西苑、龙头、瞧煤洞、宝地洼等 7 个村的群众代表为了缅怀于振边、赵金山、王占琴、李万怀等革命志士在抗日战争中不畏强敌，以深山为根据地与日伪军进行殊死搏斗，直至为国捐躯的英雄事迹，在大安山村为他们修建了大安山抗日烈士纪念碑。

纪念碑的碑额刻有“万古流芳”4 个大字，碑身下端刻有于振边、赵金山、王占琴、李万怀等 4 位烈士的半身像，碑身两边刻有挽联“为革命牺牲名流千古；临战斗流血志遗万年”，纪念碑底座刻有汉奸和特务杨悼泉、张振玉、杨国栋等 3 人的丑像。纪念碑的碑文如下：

为共产党员于振边暨赵金山、王占琴、
李万怀殉难烈士立碑纪念

七七事变，倭寇进犯，野心勃勃，亡我中原。汝等烈士，奋起抗战，孜孜不倦，与敌盘旋。为国为民，历尽艰险，艰苦奋斗，功绩可观。二十九年，敌来此地，修筑堡垒，建立据点。乡亲朋友，遭受涂炭，汝等烈士，全心全意，为民解放，常与敌战，锄奸反特，与众排难。三十三年，汝等烈士，活动中山，逼敌堡垒，围困据点，捉拿汉奸，优逆莫亡。三月八日，被敌包围，寡不敌众，壮烈殉难，吾等乡友，莫不伤感。八年抗战，暨得胜利，自卫战争，取得和平。烈士热血，洒于九原，虽未目观，灵魂亦安。黑暗氛围，日渐消散，民主之花，日趋灿烂，烈士之血，有所贡献。和平民主，建设前途，道路崎岖，仍有阻难。吾侪继承，烈士之志，步汝后尘，努力向前。为示哀意，立碑纪念。

三、老帽山六壮士纪念碑

老帽山六壮士纪念碑亭位于北京市房山区十渡村村北的老帽山上，纪念碑的正面是中共房山县委书记李永芳的题词“为中华民族解放事业英勇献身的六壮士永垂不朽”，纪念碑背面的碑文写的是：“1942 年春（注：应为 1943 年春），我八路军六壮士在老帽山阻击战中，与日寇英勇搏斗，弹尽后宁死不屈，跳崖就义。特建此碑，以志纪念。”1984 年 2 月 26 日，共青团房山县委和十渡乡党委、乡政府共同主持修建了老帽山六壮士纪念亭，表达了十渡人民对抗日烈士的怀念之情。

图 7-2 老帽山六壮士纪念亭

四、赵然烈士墓

赵然，字学雍，北京市房山区河北乡李各庄村人，1938 年 3 月参加革命，同年 5 月加入中国共产党，历任房良联合县抗日救国会组织部部长，中共房良联合县委宣传部部长、县委书记，中共房涞涿联合县委副书记、书记，房良联合县、房涞涿联合县议会议长等职，曾为房山人民的抗战解放事业立下了不可磨灭的功勋。1940 年，当选房良联合县议会议长，在房良地区第一个公开了共产党员身份。1944 年 5 月，因积劳成疾，不幸与世长辞，年仅 26 岁。

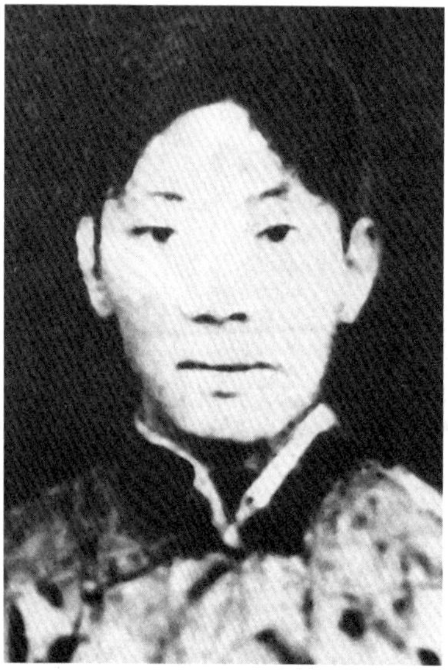

图 7-3　赵然

赵然烈士墓位于北京市房山区十渡镇西庄村，墓碑立于 20 世纪 70 年代，灰土宝顶，碑高 1.12 米、宽 0.45 米、厚 0.35 米，碑阳浮雕云朵，楷书“赵然之墓”，碑阴书：“赵然原籍房山县李各庄村，曾任中共房良联合县委书记、副书记，房涞涿联合县委副书记、书记，因积劳成疾，于 1944 年 4 月 21 日逝世。”

图 7-4　赵然烈士墓

五、王仲民烈士纪念碑

王仲民是河北省遵化县（今遵化市）燕各庄村人，早年参加革命，1937 年参加通州事变失败后，于 1938 年参加冀东武装暴动，随后加入八路军，曾任技术书记、文书、连指导员等职，后因工作过度劳累，积劳成疾，突患急症，于 1941 年 12 月病逝。

王仲民生前转战于蒲洼地区，对蒲洼地区怀有深厚的感情。患病期间，他一再要求将其送到蒲洼地区休养，如病逝可将其葬于蒲洼村村西的大山深处。王仲民牺牲后，部队遵从他的遗愿，将他葬于蒲洼村村西 15 公里处的北套地带，并为其立碑建墓，碑阳楷书“民族英雄”，碑阴是王仲民的生平。新中国成立后，王仲民烈士墓几经修葺。

20世纪60年代，王仲民的遗骨被迁回原籍。20世纪80年代，为缅怀先烈，弘扬革命传统，王仲民的墓碑被移至蒲洼村。立碑之处修建碑楼，建成烈士陵园，并被批准为房山区文物保护单位。

第二节　抗战烈士陵园

截至2021年，北京市房山区共有78处烈士纪念设施，包括墓碑、纪念亭、陵园等。其中大小陵园共19个，主要有平西无名烈士陵园、平西抗日烈士陵园、窦店志愿军烈士陵园、老帽山六壮士纪念园、王家台烈士陵园、良乡烈士陵园、琉璃河窑上英烈园、大安山烈士纪念园、河北镇烈士纪念园、史家营金鸡台烈士陵园、史家营烈士陵园、长沟西甘池烈士纪念园、郭士红烈士纪念园等，分别安葬了抗日战争、抗美援朝战争、解放战争，以及新中国成立后牺牲的烈士。

一、平西抗日烈士陵园

平西抗日烈士陵园位于北京市房山区十渡镇卧龙山上，陵园内有平西抗日烈士纪念碑、平西抗日烈士纪念碑亭、平西抗日战争纪念馆、烈士碑林、平西无名烈士纪念地等景观。平西抗日烈士陵园被国务院批准为全国重点烈士纪念建筑物保护单位，被民政部批准为全国爱国主义教育基地，被北京市人民政府命名为北京市国防教育基地，有30多所大、中、小学校将陵园作为德育基地，平西抗日烈士陵园越来越发挥着爱国主义教育和国防教育的作用。

1992年3月26日，平西抗日战争纪念馆开馆，展览面积240平方米，由“党领导平西抗日战争”“平西抗日根据地创建和发展”“日寇的残暴罪行”“艰苦岁月，平西人民坚持斗争”“转入反攻，争取抗战胜利”“平西部分烈士英名录”“缅怀先烈，继承遗志”等 7 个部分组成。曾在平西抗日根据地战斗过的杨成武、萧克、郑天祥、李运昌、李宝华、孙毅等几位老将军联名给中央领导写信，建议扩建平西抗日战争纪念馆，增加晋察冀抗日根据地的抗战史料。在北京市委、市政府的关怀和支持下，经过房山区委、区政府的努力协调和争取，2005 年 8 月 15 日，平西抗日战争纪念馆新馆顺利完工。8 月 29 日，在纪念抗日战争胜利暨世界反法西斯战争胜利 60 周年之际，平西抗日战争纪念馆新馆正式对外开放。平西抗日战争纪念馆新馆的总建筑面积为 4350 平方米，展览面积为 2500 平方米，由“日本帝国主义对中国的侵略”“抗日民族统一战线的建立，八路军开赴抗日前线”“《论持久战》的发表”“晋察冀抗日根据地的创建”“平西游击战争的开展和根据地的开辟”“巩固平西，坚持冀中，开辟平北”“平西根据地的艰苦斗争”“平西根据地的发展壮大，抗日战争的伟大胜利”等 8 个部分组成，共展出图片 316 幅、文物 268 件，大部分图片和文物都是第一次与大众见面，从多个角度介绍了全国的抗战形势和晋察冀抗日根据地的创建过程，重点反映了创建和巩固平西抗日根据地的全过程，充分展示了平西抗日根据地在抗日战争中的战略地位和历史意义。

图 7-5　平西抗日战争纪念馆

二、王家台烈士陵园

王家台烈士陵园位于北京市房山区霞云岭乡王家台村，陵园内掩埋着 1938 年王家台惨案中牺牲在这里的 50 多位八路军战士。1939 年 2 月，为了缅怀烈士，房良联合县委、县政府在王家台村修建了烈士公墓，并立墓碑一座，碑首刻有“民族之光”4 个大字，刚劲挺拔，光彩夺目，碑文由王金生书写。

2011 年，为了秉承红色传统，弘扬革命文化，霞云岭乡党委、乡政府重建烈士陵园。新陵园占地 1100 平方米，四周的碑墙上镌刻着房山区为中华民族解放事业英勇捐躯的 1175 名烈士的名字。整个陵园为敞开式碑林墙结构，陵园正门为牌楼式设计，两翼如同展翅的雏鹰，牌楼上镌刻着一副对联，“青春赋，血沃太行烽火烈；壮志酬，歌扬华夏党旗红”。95级石阶直通正门，一步步走上台阶，给人以无尽的肃穆感和庄严感。陵园下方是汗青湖，湖水靛蓝，辉映着苍山绿松，寓意革命烈士名垂青史，万古流芳。

主要参考资料

[1]《聂荣臻回忆录》，聂荣臻著，解放军出版社，1984年12月版。

[2]《杨成武回忆录》，杨成武著，解放军出版社，1987年6月版。

[3]《萧克回忆录》，萧克著，解放军出版社，1997年6月版。

[4]《刘道生回忆录》，刘道生著，海潮出版社，1992年8月版。

[5]《燕山儿女（第二期）》，李德仲、张雷主编，文津出版社，1989年11月版。

[6]《平西抗日根据地历史》，中共北京市委党史研究室、房山区党史区志办公室编，北京出版社，2015年6月版。

[7]《北京地区抗日运动史料汇编·第六辑》，中共北京市委党史研究室编，北京燕山出版社，2001年12月版。

[8]《房山文史资料全编（甲级·上）》，中国人民政治协商会议北京市房山区委员会编，2003年12月版。

[9]《房山文史资料全编（甲级·下）》，中国人民政治协商会议北京市房山区委员会编，2003年12月版。

[10]《房山文史资料全编·乙级（下册）》，中国人民政治协商会议北京市房山区委员会编，2013 年 8 月版。

[11]《晋察冀抗日根据地史料选编（上册）》，河北省社会科学院历史研究所等编著，河北人民出版社，1983 年 7 月版。

[12]《晋察冀抗日根据地史料选编（下册）》，河北省社会科学院历史研究所等编著，河北人民出版社，1983 年 7 月版。

[13]《平西抗日斗争史料选编》，隗合甫主编，国防大学出版社，1999 年 9 月版。

[14]《平西烽火②》，隗合甫主编，国防大学出版社，2000 年 6 月版。

[15]《平西烽火③》，隗合甫主编，中国工人出版社，2002 年 2 月版。

[16]《平西烽火④》，杨文云主编，中国工人出版社，2003 年 3 月版。

[17]《北京党史专题文选第二辑》，中共北京市委党史研究室编，新华出版社，1993 年 10 月版。

[18]《红色寻踪——北京革命纪念地指南》，中共北京市委党史研究室、北京市文物局编，中共党史出版社，2004 年 8 月版。

[19]《革命烈士诗抄》，萧三主编，中国青年出版社，1959 年 3 月版。

[20]《北京抗战损失调查》，中共北京市委党史研究室编著，北京燕山出版社，2007 年 12 月版。

[21]《平西抗战史录》，涞水县历史文化研究会、涞水县地方志办公

室编，付东华主编，北京燕山出版社，2014 年 3 月版。
[22]《北京市房山区志》，北京市房山区志编纂委员会编，北京出版社，1999 年 9 月版。
[23]《北京市门头沟区志》，北京市门头沟区地方志编纂委员会编，北京出版社，2006 年 6 月版。
[24]《涞水县志》，涞水县地方志编纂委员会编，北京燕山出版社，2000 年 11 月版。
[25]《涿州志》，涿州市地方志编纂委员会编，方志出版社，1997 年 5 月版。
[26]《中国共产党北京历史大事记》，中共北京市委党史研究室编，北京出版社，2001 年 6 月版。
[27]《晋察冀抗日根据地史》，谢忠厚、肖银成主编，改革出版社，1992 年 6 月版。
[28]《晋察冀抗日根据地第三册（大事记）》，《晋察冀抗日根据地》史料丛书编审委员会编，中共党史资料出版社，1991 年 5 月版。
[29]《门头沟革命史》，中共北京市委党史研究室、中共门头沟区委党史办公室编，北京出版社，1994 年 11 月版。
[30]《房山革命史》，中共北京市委党史研究室、中共房山区委党史办公室编，北京出版社，1997 年 9 月版。
[31]《中国共产党北京市房山区历史大事记 1928—2000》，北京市房山区史志办公室编，北京出版社，2002 年 5 月版。
[32]《中国共产党北京市门头沟区历史大事记 1920—2000》，北京市

门头沟区档案史志局编，北京出版社，2006年6月版。

[33]《红色平西》，张成基、赵喜成著，中国人事出版社，2007年1月版。

[34]《蒲洼烽火——蒲洼革命斗争纪实》，中共北京市房山区蒲洼乡委员会、北京市房山区蒲洼乡人民政府2005年8月编印。

[35]《难忘的岁月（第一辑）》，中共北京市房山区委组织部、中共房山区委老干部局1996年6月编印。

[36]《难忘的岁月（第二辑）》，中共北京市房山区委组织部、中共房山区委老干部局1999年8月编印。

[37]《难忘的岁月（第三辑）》，中共北京市房山区委组织部、中共房山区委老干部局2000年10月编印。

[38]《难忘的岁月（第四辑）》，中共北京市房山区委组织部、中共房山区委老干部局2001年12月编印。

[39]《难忘的岁月（第五辑）》，中共北京市房山区委组织部、中共房山区委老干部局2006年8月编印。

[40]《房山县党史办关于十渡乡根据地、敌统区（及部分游击区根据地）村级调查材料（1982年10月至1983年2月）》，中共房山县委党史资料征集办公室编印。

[41]《房山县党史办关于蒲洼乡根据地、敌统区（及部分游击区根据地）村级调查材料（1982年12月至1983年12月）》，中共房山县委党史资料征集办公室编印。

[42]《中国共产党平西地区组织史资料（1937—1949）》，中共北京市房山区委党史资料征集办公室1990年1月编印。

[43]《房山英烈第一辑》，中共房山区委史志办公室、北京市房山区民政局 1992 年 10 月编印。

[44]《房山烈士丰碑》，中共房山区委史志办公室、北京市房山区民政局 1989 年 9 月编印。

[45]《当代名人档案——李德仲》，空间科学与应用研究中心编印。

附　　录

十渡、蒲洼、霞云岭地区抗日烈士名录

《房山区志》《蒲洼烽火》等资料记述了十渡、蒲洼、霞云岭地区在抗日战争中牺牲的烈士。

一、十渡镇抗日战争时期牺牲的烈士

李　和　房山县西关上村

蔡玉恒　房山县六渡村

蔡玉安　房山县六渡村

隗丙云　房山县六渡村

蔡丰全　房山县六渡村

蔡风全　房山县六渡村

隗丙稳　房山县六渡村

刘志兴　房山县六渡村

隗甫玉　房山县六渡村

蔡玉生　房山县五合村

隗浦吉　房山县五合村

刘桂林　房山县五合村

杨浦生　房山县栗园厂村

杨林生　房山县栗园厂村

褚万奎　房山县栗园厂村

隗甫红　房山县王老铺村

隗合瑞　房山县七渡村

隗有桂　房山县七渡村

刘志忠　房山县七渡村

隗永生　房山县七渡村

隗福印　房山县八渡村

隗满屯　房山县八渡村

张凤林　房山县八渡村

李凤荣　房山县八渡村

李凤贵　房山县八渡村

隗有深　房山县八渡村

隗合瑞　房山县九渡村

隗合林　房山县九渡村

隗永堂　房山县九渡村

隗永森　房山县九渡村

刘广宽　房山县九渡村
隗永荣　房山县十渡村
齐德全　房山县十渡村
隗有全　房山县十渡村
齐文林　房山县十渡村
齐文藻　房山县十渡村
齐文田　房山县十渡村
任宗魁　房山县十渡村
齐林堂　房山县十渡村
齐术堂　房山县十渡村
隗有俭　房山县十渡村
晋国起　房山县十渡村
齐文元　房山县十渡村
齐文清　房山县十渡村
赵庆斋　房山县十渡村
隗有香　房山县十渡村
隗永秀　房山县十渡村
晋尚巨　房山县十渡村
刘广富　房山县十渡村
崔春堂　房山县西庄村
赵文亭　房山县西庄村
赵国文　房山县西庄村
赵振亭　房山县西庄村

赵国来　房山县西庄村

赵振均　房山县西庄村

赵文仓　房山县西庄村

崔春清　房山县西庄村

杜连生　房山县西庄村

崔春富　房山县西庄村

赵国秀　房山县西庄村

赵振银　房山县西庄村

赵喜荣　房山县西庄村

崔花茂　房山县西庄村

穆进和　房山县西河村

张德贵　房山县西河村

赵振荣　房山县西河村

赵文仓　房山县西河村

晋有德　房山县十渡前石门村

李凤武　房山县十渡前石门村

张殿喜　房山县十渡前石门村

张玉兰　房山县十渡前石门村

张玉芝　房山县十渡前石门村

隗有存　房山县十渡前石门村

张玉同　房山县十渡前石门村

李　权　房山县十渡前石门村

隗有恩　房山县十渡前石门村

张玉全　房山县十渡前石门村

郑玉田　房山县北石门村

隗有银　房山县北石门村

穆宗文　房山县北石门村

隗永力　房山县北石门村

隗有祥　房山县北石门村

刘振玘　房山县平峪村

隗永田　房山县平峪村

晋天民　房山县平峪村

隗甫海　房山县平峪村

李宗满　房山县平峪村

晋德深　房山县平峪村

李宗秀　房山县平峪村

晋德章　房山县平峪村

李进良　房山县平峪村

晋有苍　房山县平峪村

秦占才　房山县平峪村

隗福海　房山县平峪村

晋天维　房山县平峪村

李文堂　房山县平峪村

晋德旺　房山县平峪村

赵国联　房山县平峪村

李井河　房山县平峪村

刘廷起　房山县平峪村

刘彩云　房山县马安村

刘占全　房山县马安村

刘德森　房山县马安村

刘德全　房山县马安村

刘德庆　房山县马安村

齐德明　房山县卧龙村

宿少亭　房山县西太平村

毛志田　房山县西太平村

齐彦存　房山县六合村

李永付　房山县六合村

二、蒲洼乡抗日战争时期牺牲的烈士

刘占学　房山县义和村

晋天昌　房山县蒲洼村

蔡玉春　房山县蒲洼村

栗术才　房山县蒲洼村

崔德顺　房山县蒲洼村

晋显金　房山县蒲洼村

晋有顺　房山县蒲洼村

晋有瑞　房山县蒲洼村

晋耀臣　房山县蒲洼村

隗丙全　房山县富合村

刘占成　房山县富合村
隗丙安　房山县富合村
梁文好　房山县宝水村
隗有普　房山县东村
隗有福　房山县东村
郑玉成　房山县芦子水村
隗有生　房山县芦子水村
隗永齐　房山县芦子水村
隗永玖　房山县芦子水村
刘占瑞　房山县芦子水村
景德宝　房山县芦子水村
隗永荣　房山县芦子水村
隗永元　房山县芦子水村
隗有山　房山县芦子水村
隗合珍　房山县芦子水村
隗永温　房山县芦子水村
隗永山　房山县芦子水村
隗永喜　房山县芦子水村
隗永志　房山县芦子水村
隗合成　房山县芦子水村
李春红　房山县芦子水村
任正登　房山县鱼斗泉村

三、霞云岭乡抗日战争时期牺牲的烈士

于进琛　房山县上石堡村

李福贵　房山县上石堡村

王兴云　房山县上石堡村

解景琛　房山县上石堡村

郑宗伯　房山县上石堡村

刘庭生　房山县霞云岭村

刘　吉　房山县三流水村

贾成存　房山县北直河村

周克林　房山县王家台村

扬天芝　房山县王家台村

王福青　房山县王家台村

栗井水　房山县王家台村

王　印　房山县庄户台村

周二印　房山县石板台村

王　树　房山县石板台村

任显林　房山县大地港村

王德福　房山县大地港村

李万云　房山县大地港村

梁德仕　房山县大地港村

陈廷文　房山县四马台村

安德亮　房山县堂上村

后　记

抗日战争全面爆发后，党中央制定了发动群众，全民抗战，建立敌后抗日根据地，开展游击战争的战略决策。平西是“敌后的敌后”，而十渡、蒲洼、霞云岭三乡镇又是平西的前沿，历史上这里山高路险，土地贫瘠，文化落后，抗日战争初期处于无政府状态。1938 年初，共产党八路军来到这里，大力宣传党的抗日政策，组织群众，教育群众，使这里成为房良联合县、房山县抗日根据地的核心区，三乡镇人民在中国共产党的领导下，为中国的抗战胜利做出了重要贡献。为了不忘抗战历史，弘扬伟大抗战精神，传承红色基因，再现十渡镇、蒲洼乡、霞云岭乡人民在中国共产党领导下抗击日本侵略者的伟大历程，弘扬三乡镇人民英勇不屈、保家卫国、热爱和平的爱国主义精神，更为了告慰在反抗日军侵略中牺牲的英灵，在中共北京市房山区十渡镇委员会、北京市房山区十渡镇人民政府的领导下，由第七乡镇（社区）成人学校牵头组建了挖掘十渡镇、蒲洼乡、霞云岭乡抗战文化课题组，并聘请平西抗战史专家刘文江老师系统挖掘整理三乡镇的抗战历史。

课题组成员积极开展了走访老八路、抗日战争亲历者、抗战英烈后人、知情人，寻觅战场遗迹等工作，同时查阅了相关档案资料和在平西工作过的老同志的回忆录。在刘文江老师多年研究平西抗战的基础上，编写了《房山西部山区抗战》一书。该书第一次系统总结了十渡镇、蒲洼乡、霞云岭乡抗战的历史进程，展示了三乡镇在平西抗战中的战略地位和重要作用，展示了三乡镇儿女在抗日斗争中所做出的重要历史贡献。

在调查编撰工作中，我们坚持用事实材料说话，在使用材料时做到了几个服从：一是后人的研究材料服从当事人的材料；二是事后的回忆材料服从当时的文字材料；三是社会研究材料服从专门机构的研究材料。但由于相关材料有限，书中的差错在所难免，还请广大关注平西抗战的专家学者，特别是十渡镇、蒲洼乡、霞云岭乡抗战的亲历者及其亲属好友批评指正。

在调查编撰的过程中，我们得到了十渡镇、蒲洼乡、霞云岭乡各级党委、政府和各村村民的大力支持，特别是得到了梁明臣、郑修华的大力帮助，在此一并表示衷心感谢！

编委会

2022 年 11 月